二陂坊劇場

作者／吳嘉榆 ■ 何嘉萍

「我們愛，因為神先愛我們。」

（約壹四19）

二陂坊劇場
From the Square

作者
吳嘉榆 Ng, Kar-yu
何嘉萍 Ho, Ka-ping

審閱
胡燕青

執行編輯
何敏璇

裝幀設計
莫可雅

■

出版／發行
基道出版社
香港沙田火炭坳背灣街26號富騰工業中心1011室
LOGOS PUBLISHERS
Unit 1011, Fo Tan Ind. Centre, 26 Au Pui Wan St., Shatin, Hong Kong
電話：(852) 2687-0331 傳真：(852) 2687-0281
網址：http://www.logos.com.hk

澳洲總代理
基道書樓LOGOS BOOK HOUSE
4 Tooronga Terrace, Beverly Hills 2209, N.S.W., Australia
電話：(612) 9554-3631

承印
海洋印務有限公司

●

版權所有 • 請勿翻印
© 基道出版社有限公司
11/2002 初版
Cat. No. LP 823
ISBN 962-457-219-4
© 2002 by Logos Publishers Ltd.

ALL RIGHTS RESERVED
Printed in Hong Kong

目錄

序幕

第一場——童話

第二場——潛龍

第三場——逆風之旅

第四場——起飛

第五場——青春舞曲

謝幕

序幕

胡序：如同一片金色的陽光

胡燕青
浸會大學語文中心助理教授

一九六二年夏天，我隨著父親離開了母親和弟妹，來到香港定居，成為不折不扣的新移民。那一年我八歲，開始背負「大陸妹」這名號，直至高中。新移民孩子年紀雖小，但他們很清楚自己是「局外人」：我是多餘的、不受歡迎的，是個「大鄉里」，是「不夠班」的。信不信由你，到我考上了香港大學，這種無理的自卑感依然強烈。可惜小時的我，從未遇上新民中心諸位可親的大哥哥大姐姐，如果遇上了，也許就能夠早一點認清自己的面貌，勇敢上路。

新移民的家庭種類繁多，有團結親密、辛勤自愛的，但更多卻因為貧窮、無助和種種適應問題而分崩離析，心緒波動，甚至禍延下代；社會上情感失調的孩子由是漸多。部分人從原居地帶來了一些壞習慣、壞心態——有些故意不事生產，濫用福利資源寄生於社會，有些則到處扔垃圾或隨地吐痰，使全體新移民（包括我和我的父母）大大蒙羞，造成主流社會對他們的厭惡。

但是，這樣將人「類化」、以方便自己論斷洩憤，是非常危險的。憎恨一個羣體，因此憎恨羣體中的每一個人，可謂非常容易；可是熱愛一個羣體，卻未必能夠進而熱愛其成員。人本來就長於批評、短於相愛，敏於取利而慎於付出。因此，新民中心面對日漸腐朽的社羣生態和充滿敵意的主流立場，要脱離徒具形貌的福利機構模式，成為真正防腐的鹽、逐暗的光，在人性河道的大趨勢中逆流而上，是很不容易的。沒有日以繼夜的省察更新和愛心的韌力，加上大量資源，不可能做到這一點。我深信只有上帝的手，能夠成就這一切。我一面讀嘉榆和嘉萍這本紀實小説，一面感到振奮：上帝在二陂坊這個小小的天地彰顯了祂的榮耀和情感。祂在每個孩子貧瘠的心田上植滿了青綠的生機，祂幫助嘉榆、嘉萍和許多同工義工釀就最溫柔的氣候，使每一株小苗都能夠充分成長；祂為每個孩子背後的家庭打開了簇新的屬靈視野，祂教這本書的讀者品嘗到人性中各種美善的可能。

這本書的文字流程，相信同時也是兩位作者成長、成熟的航程。我對嘉榆比較熟悉，嘉萍的情懷和形象，是通過嘉榆的文筆和話語建構起來的，所以輪廓尚有點模糊。但我堅信，嘉萍所付出的，同樣大為上帝悦納。現在就讓我向大家介紹嘉榆吧。最初接觸這個名字，是在一個大專基督徒寫作比賽上。當時他的文章拿了獎。頒獎禮上我認識了他的好朋友李奕惇。後來，我到港大講課，奕惇把這念心理學的年輕人帶了來喝茶，我這才曉得他是個長得高挑修長的男孩子。印象中的嘉榆是一直微笑著的，有使緊張的人鎮靜下來的神祕魅力。

每一回看見喜歡寫作的年輕人，總有一個感覺：這孩子會跑掉——跑去讀博士學位，跑去教書，跑去做廣告人……一旦有了學業或事業，他就會完全放棄寫作，或只寫些論文教案報告甚麼的。今天，嘉榆的第一本書完成了，他沒跑掉，而且很忠誠地走到了第一站，使我感動萬分、也滿懷感觸。堅持之所以珍貴，是因為放棄的人實在太多了。我知道，這一段路，嘉榆很用勁才走了過來。他肩頭上背著反復發作的先天性心臟病，沉重的工作壓力，和對孩子們的牽腸掛肚——為此，我特別珍惜他筆下的每一個中文字。

我相信文字的力量——準確一點説，是文學的力量。因中心的工作而受惠的孩子，至多不過數十人；但是，愛的信息卻能夠靠著兩位作者誠懇深摯的文筆，在精神上支援成千上萬計的少年。優秀文字有巨大的活動力，能超越地理限制，在某個寂寥的下午到達一雙悲哀自憐的眼睛，於絕境中衍生出盼望。它更能讓我們於時間的軌迹上順逆游走，通過閱讀，為我們帶來懷念、想象和期盼的自由。到鳴鋒、鳴林長大了，他們可以藉著文字，重新支取嘉榆對他們的愛；同樣，當少年人都各有所屬，能夠離開新民中心獨立上路之日，嘉萍也能夠靠著這本書，重塑他們美麗的童年。以第一身經歷和真實情感寫成的書，對當事人來説，是無價之寶，是否受到讀者歡迎已經不重要了。

但是，這樣動人的作品，如果沒有人秉燭細讀，也實在太可惜了。一些香港孩子比較脆弱，部分更困囿於個人視野，常常把困難誇大，動輒傷害自己來吸引長輩的注意。與此同時，新民中心的少年人和他們的導師在貧窮線上掙扎求存，面對生命的種種難題，表現出莫大的勇毅。我深深相信，通過文字的記錄和撫摸，這些孩子堅韌的生命力必能伸展如臂彎，承托許多傷痛的心靈。我希望每一位老師、每一位家長都來讀這本書，並且至少買一本送給他們的孩子或學生。

最後我想說，我很佩服、很欣賞、也很羨慕新民中心的每一位導師和義工。你可能覺得自己只不過做了一些分內事，但對孩子們來說，你可能已是他們生命中最重要的模塑者。你隨意的眼神，偶發的笑聲，可能已把他們心中的小燈永久點亮。更重要的是，藉著你短暫的介入，耶穌基督的死和復活變得可感可觸，成為他們一生的信仰和永恆的幸福。我為你感謝上帝，因為祂用自己的榮耀照亮你肩頭——如同一片金色的陽光——就在二陂坊這小小的祭壇上。

黃序：一本看得見的有味見證

黃淑群
前木福新民中心主任

《二陂坊劇場》是在一九九八至二〇〇一年香港木屋區福音團契（現稱城市睦福團契）的基督教新民中心上演的。嘉榆與嘉萍既像隨軍記者，也像心靈攝影師，拿友誼、生命、愛和上帝做鏡頭，把一個個同工、義工和新民會員的關係和相遇等漂亮片段，用文字攝錄下來，記載了一幕幕動人的真情日誌，使讀者看見了場景中活靈活現的人物在穿梭往來。文章裏不一定處處讀到上帝一詞，但就像聖經中以斯帖記、路得記等一樣，我們不難從人與人，人與事的交織片段中，察驗上帝的愛、祂的同在與恩典。當中的會員不再是「會員」，他們每一個都是上帝創造和愛眷的對象，有自己獨特的性格、氣質、長處、特點和掙扎。在文章裏，我們可以嗅出人情味。服務對象被愛，被尊重，被看為寶貴，過程中，我們的會員成長了，我們的同工和義工也成長了！上帝與我們的同行，教導了我們愛與接納原來是人的軟弱與困難的原動力。我感謝上帝帶領嘉榆和嘉萍完成《二陂坊劇場》——一個真實描寫愛，接納與個人成長的見證。

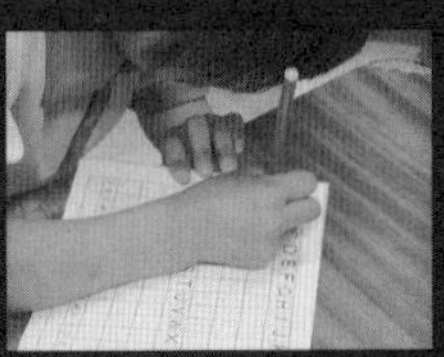

第一場：童話

更感謝我的上帝，祂給在二陂坊逗留

過的孩子許多同伴一起跳橡筋繩、爭打羽毛球、

搶籃球、也給他們甘心樂意掏腰包

買雪糕汽水的哥哥姐姐，

給他們有伴同行的童年回憶。

1. 主角

嘉萍

踏入二陂坊，有強烈的舞台感。

服務新來港同胞的「新民中心」，不就是一個開放式劇場嗎？

同工、義工、會員街坊、少年人、小孩子，每日在二陂坊流連穿插的，不就是舞台上下，角色與觀眾互動的一台戲嗎？

到底……誰是主角？

某個清晨，我自荃灣川龍街角轉入二陂坊，沿著觀眾席步入舞台，突然傳來熱烈的歡呼聲：「嘉萍姐姐！嘉萍姐姐！」

聲音來自男孩和女孩，越過了地平線，從上而下像「威也」一樣把我的視線懸掛在半空，我雀躍地尋索：阿開、冰兒、桂仔、小美、小婷……

「教我做功課……」「妳今日幫我默英文……」「打康樂棋……」「請飲汽水啦……」

除了覺得自己像他們的「阿四」外，也有點像站在台上被擁戴的感覺。

我一邊揮手，一邊步近中心：「還未『夠鐘』呀！中心未開……」

在劇院台上謝幕時，觀眾的掌聲給予表演者的是：鼓舞！

在二陂坊的舞台上，孩子們的熱情給予我的是：滿足！

我從中心門外折返他們的窗下：「一會兒，我教你們唱詩歌好不好？……」

在生命的事奉裏面，上帝給予我的角色是要讓他們知道——誰是主角！

2. 小小大俠

嘉榆

與這些小孩子相處，率直熱情的童真將我冰冷自負的心逐日融化。

中心還未開放，幾個孩子已經聚在大門前，把沉甸甸的書包擱在路旁。女孩子在門前跳橡筋繩，男孩子在二陂坊內你追我逐，好不快樂！

我才踏入坊間，老遠就被孩子們發現了，他們一擁而上。「嘉榆哥哥！嘉榆哥哥！」

我當然不是明星，他們只想找個好場合痛快地大叫，看誰喊得最大聲罷了。通常，年紀小小的阿開叫得最響最亮，力壓羣雄，實至名歸。

「開門啦！開門啦！」桂仔不甘示弱，好像暗地裏在自己的喉嚨藏起一個「大聲公」，並把音量調至最大，向二陂坊地面和四圍唐樓上下的小朋友宣告。

阿同迫不及待地伸手往我的褲袋搜索一番，要把開門的鎖匙掏出來，差點兒把我的褲子拉了下來。

我的大腦神經脈衝在零點三秒內作出反應，吩咐一隻手拉緊褲頭，再以零點四秒使喚另一隻手拍拍孩子們的頭頂，著他們先靜一靜。我把身體稍稍彎下，說：「各位大俠且慢！不如先去取報紙吧，有哪位英雄願意拔刀相助呀？」

五、六隻小手沒分先後舉得筆直，有的孩子還跳動著，喊著：「我去！」「我去！」「我也去！」

「去啦，去啦……」我暗忖，報紙只得兩份。

我們走過去報攤的時候，我的每一根手指都被一個孩子「拖」著。雖然走的方向一樣，但他們的速度和力度各異，手指們叫苦連天。

和明報和東方日報一樣，我的手指也快要被瓜分啊！

3. 家

嘉榆

取過報紙，甫推開中心的玻璃大門，孩子們便搶著衝線了。

各就各位，培卡跑向廁所，妙君佔領沙發、翻開兒童周刊，波仔蹲到圖書閣前搜尋著謎語書，阿同拿出他的微型塑膠玩具「比卡超」、「小火龍」、「奇異種子」公仔一並倒在桌上打鬥，小美和小婷在書包內取出作業，到另一張方桌上埋首做功課……

中心的大堂約只得三百平方呎，但「麻雀雖小，五臟俱全」。在「人潮高峰期」，親親密密的也放得下五張桌子，每張桌子圍著十來張圓椅，擠滿了三十多個大人小孩。舉目四顧，還有雜誌架啦，圖書閣啦、壁報板啦，與及靠牆的兩張沙發。

老實説，我不渴望有更大的空間，此刻我們總在彼此的視線裏，大家都享受這種親切緊密。

我真的喜歡這小小的熱鬧的「家」！

4.黃藥水

嘉榆

「嘉榆哥哥，過來教我做功課啦！」我繞過坐在地板上砌著「疊疊樂」的幾個小孩子，坐到阿開旁邊，開始教他英文習作。

「Play 是玩耍，Jump 是跳高，Drink 是喝水，Run 是跑步……Play 是甚麼？」我轉頭問他的時候，方發覺他的注意力早已向著心如身上滑去，剛才我只不過在自言自語嗎？

小男孩搓著小女孩的小臉蛋，「心如！心如！」地叫，好不趣致。「阿開！阿開！」我也搓著他的小臉蛋，要把他的魂魄呼喚回來。

阿開總是如此的活躍，不容易集中注意力嗎？

忽然，幾個孩子推門進來，高聲開腔：「阿同摔倒了，嘉榆哥哥快拿消毒藥水來，快拿棉花來，快拿膠布來吧！」一開腔就是朗誦高手的聲浪，生怕沒人知道。

也難怪他們深深了解「療傷」的次序，一個星期裏不知有多少「猴兒」撞傷跌倒！

阿同坐到沙發上，還嗚咽著。我在藥箱裏取出新買回來的「祕密武器」——黃藥水，倒出少許在棉花球上，準備往他紅紅的膝蓋上壓下去。「不要啊！不要啊！很痛的！」他掙扎著。

「不痛的……只一丁點兒罷了。」（應該不痛的，我買來的時候，售貨員這樣對我說。）我伸手緊緊擁著他的肩膀，臉龐靠著他的頭，才拿著棉花球按下去，很快可以測試得出售貨員的誠信。

「呀！呀！呀！」冷不防他在我的耳邊大叫起來，原來這更快可以測試得出耳膜的承受力。

「哈哈！原來真的不痛的！」他破涕為笑，我輕敲著耳朵。

5. 導遊

嘉榆

每一次跟中心去旅行，我都很愉快。

早上九時三十分，坊間早已聚滿各家大小，把睡眼惺忪的二陂坊徐徐喚醒。陽光灑下，偉文、翠文、心如、志宏已按捺不住興奮的心情，追追逐逐，眾爸爸媽媽靠著欄杆談笑風生。

阿光、淑群和我不禁從中心一樓的玻璃窗望下去，心願這些家庭在工作勞碌、家務煩擾的年日裏，可以「偷」一天「家庭樂」，享受難得的餘暇。

我們祈禱後，阿光拿著「車上禮物」，先去會合司機。淑群一手執著點名紙，一手穩握揚聲器，準備「點名」。我把持中心門匙，看看有沒有孩子需要上廁所。

旅遊巴士停泊在眾安街，五十多個大人小孩走過窄窄的但交通忙亂的一小段路竟然是全日裏最「驚險」的「節目」，那畢竟是荃灣區其中一條最繁忙的街道啊！

「喂！喂！喂！光哥哥，嘉榆哥哥，淑群姐姐！你們玩得開心點啊！」智富從五樓叫下來，他住的位置每次都剛好對著旅遊車。每次去旅行，他大概都會如此歡送我們。有時回程下車，這個少年人又會「喂！喂！喂！」地叫下來，我抬頭的時候，陽光總把我曬得好清爽溫暖。

各人坐好後，光哥哥就充當「導遊」，拿著揚聲器和眾會員打招呼：「大家早！」

然後，他總會這樣介紹：「今天一起去旅行的，有美麗動人的黃姑娘（淑群姐姐），英俊瀟灑的嘉榆哥哥，更加英俊瀟灑的光哥哥，和更加更加英俊瀟灑、儀表不凡的司機黃先生！」（怎樣才算美麗英俊，見仁見智。不過，嘉萍常常說每一個人都是上帝的「精心傑作」，怎會不美？）

光哥哥接著便會和大家玩車上遊戲，說明活動時間和規矩，還會不時介紹途經的地方。他是一個認真、熱情又幽默的人，經常逗得大家開懷大笑，歡樂的氣氛不時瀰漫車廂。

新移民小孩子，往往不習慣坐長途車，顛來覆去的被弄得「臉青口唇白」，但他們最有效的止暈浪方法，不是吃幾粒暈車丸，而是聽光哥哥說笑話！我和淑群通常坐到最前一排，聽著這個大孩子講笑，不亦樂乎。

我們每次都覺得，光哥哥除了合適做中心幹事外，做電視上的兒童節目主持或者旅行導遊，一樣了得！

「好！最後一條問題。我們現在去的萬宜水庫，是全港第幾大的水塘？」光哥哥瞪著大眼睛，洪亮地發問。

「我知道！」「我知道！」「我知道！」

6. 心窗

嘉萍

下筆之際，腦袋閃過了一扇窗……

漆黑裏，我不經意地走進了自己的心，發現原來裏面好狹小！

心對我說：來吧！在心上畫一扇窗，一扇推得開的窗，也許窗外會有彩虹……

我對心說：推窗的時候會好痛！

心問我：那還要不要彩虹？

我拿著彩筆在心上畫，畫的時候心在淌血。

心對我說：留著的血可待那天塗彩虹！

後來我發現，原來每個人的心，都有個畫窗的位置。

有些人已經知道，有些人尚未曉得，知道的人有些願意，有些不願意，願意的人有些熬得過去，有些熬不住。

我問我的心：關鎖著的和開了窗的，痛的時候有甚麼分別？

我的心忍著痛，推開了畫上的窗：我看見，我和我的心在窗外塗彩虹的喜悅！

7.畫出彩虹

嘉萍

義工問我，案頭上那來這麼多的畫？

「小勤喜歡畫畫。」

孩子們常常糾正我，說她的畫不是畫的，是用紙在畫上印的。

即使是印出來的，不同的人在同一幅畫上印，出來的效果都不會一樣。

點和力、角度和線條，都是一種透視，透視著她內心深處對美善生命的渴求。

小勤的大姐姐有管家的恩賜，哥哥是家中的長子，幼小的弟弟是每個家人心裏的寵兒，與她年齡相若的妹妹，長得很討人喜悅。

從小，夾在中間的小勤便知道要很努力，或許才能得到別人的歡心。

有一次，我在中心教桂仔、阿同、慧詩、小勤和她的妹妹唱詩，以後她就常在我面前唱那一首詩。又有一次，我讚賞她塗的畫，以後每天她給我送來許多畫。

不知怎的，小勤印的畫裏面蘊含著一種莫名的喜悅，與在不公平的對待下成長的她的苦澀，成了強烈對比。也許，她所渴求的天空上那一道彩虹，能在她的畫裏出現！

一天下午，步入二陂坊，小勤遙遙望見我便跑過來，用她急速又未能表達清楚的話重複地說：曉眉姐姐帶我去香港公園！去麥當勞吃薯條！

眼前的小勤，穿得漂亮，笑得雀躍，等她心中的天使帶她到嚮往已久的樂園。

每天，小勤仍然在中心印她的畫。

我想會有這一天，她的天使能讓她知道，在她印的畫裏也可以開一扇窗，她可以在真實的生活裏畫彩虹。

8. 大戰

嘉榆

二〇〇〇年年初，新民中心歷史性地開始了第一次的「喜樂團」，那是專為小孩子而設的小團契。藉著上帝不斷的憐憫和祝福，導師的數目由最初只得淑群與我兩個人，一躍跳升為約十個恆常參與、歷久不衰、青春常駐的弟兄姊妹！

每個星期六的晚上，新民中心的一樓地板被迫經歷無數次艱巨且富挑戰性的任務：同時間去承托二十多個「重量級」的孩童。有的孩子按捺不住地在膠椅前大叫，有的在地板上勁跳，有的指著導師和別的團友狂笑，有的甚至當大哥哥大姐姐桑樹一樣攀爬。

有好幾次玩遊戲，二十多個孩子一並瘋狂地跳啊跑啊，弄得地板和四壁地動山搖！淑群之後跟我們説笑，説每次「喜樂團」之前也要為樓下的光哥哥和其他會員默默祈禱，但願他們不會某一晚無端被塌下的天花板砸傷！

在差不多兩年裏，「喜樂團」陪伴了超過一百個新移民孩童度過跌跌碰碰、瘋瘋癲癲、笑笑鬧鬧的歲月。這些可愛的小孩子，逗留在二陂坊的日子大都不會長，可能再等幾個月便會搬往不同的公屋，再好的朋友也要分散。

我們與他們的相遇或許是短暫的，但在他們心裏，真理的帶領和教導卻可以持續一生之久！

9.「女人組」

嘉榆

週六晚的「喜樂團」又來了！

當時針指正八字，樓下排好隊的孩子們便雀躍地一擁而上，爭先恐後，原來的隊形竟然如同虛設！

經過了家倫哥哥、詩姐姐和彤姐姐帶詩歌，芳姐姐、秀清姐姐和慧君姐姐帶遊戲，淑群姐姐和雷亮哥哥講聖經故事，最後輪到絮蘭姐姐和嘉榆哥哥的「溫習比賽」了。

「預備好了沒有？留心聽……著……啦……」絮蘭姐姐刻意把說話拉得既長且慢，分成兩組的小朋友屏息以待。

「舊約聖經記載……拿細耳人承諾耶和華……不作……哪三件事？」語調忽然加速，幾隻手幾乎同一時間舉起，最快舉起的那一隻與最遲舉起的那一隻只相差零點八二秒，可恨中心還未購置奧運會用的電子計時器，那傢伙的準確度可達千分之一秒哩！

「阿開最快！」我說，其實我並不肯定是可儀快些還是阿開快些，不過經驗告訴我，只管儘快而且十分肯定地挑一個，為免起紛爭。「可儀就是太快，偷了步！冰兒也不慢，不過她的臀部離開了椅子，取消資格！」輕輕地再解釋，不會起異議吧，我想。

「哼！嘉榆哥哥偏幫男孩子的。」天啊！棋差一著。

這……這……不用著急，且看小小的阿開答甚麼。（拿細耳人承諾耶和華不作的三件事，正確答案是一不喝酒，二不剃頭及三不觸摸屍體。）

「不准喝酒！不准吸煙……」阿開還未來得及說第三件事，眾人已笑得直不起腰來。同組組員盯著阿開，他才如夢初醒，一臉無奈，以笑遮醜。（我心裏慶幸他放我一馬，還好他沒說「不准吃街邊無牌熟食」，否則晚上我休想睡得著！）

「好！第二題。主耶穌為甚麼要……」想起阿開剛才的答案，絮蘭姐姐忽然忍不住又笑出來。

幾個小女孩跟著她一起笑著，阿同卻俯前身體，催促著：「快些問啦！問啦！」好像一定能夠扳回一分。

「主耶穌為甚麼甘心被人釘在十字架上？」絮蘭姐姐終能忍著笑，一鼓作氣地問了問題。

望著惹人發笑的她，我又看不清楚誰舉手最快了！「冰兒！」我裝作萬二分肯定地指出。

「因為愛我們！」（快而準，又得一分。）

「嘩！對面的『女人』這麼強！」阿開急壞了。

「我們是『女仔』，你媽媽才是『女人』！」冰兒急急糾正他，大人和小孩已經笑得前仰後翻。

（冰兒的而且確說得沒錯。我也預知自己會被阿開弄得晚上不能入睡。由第一晚的「喜樂團」到最後一晚的「喜樂團」，阿開仍然改不了口吻，其代表作還包括「又是『女人組』贏」、「今晚團契為甚麼這麼多『女人』」、「彤姐姐偏幫『女人組』的」！）

10. 餐茶

嘉萍

「他」是家裏惟一的男孩，與人溝通的方式也很特別。每天放了學便和桂仔到中心作老友式的交戰，二人縱或會擦出一點火花，卻仍舊每天一同出現。

認識「他」有一點特別，每天「他」都會打電話來中心找嘉榆或阿光，雖然始終沒法聽得清楚「他」說的話，但每次「他」都會以獨有的方式與人打招呼，在別人不經意的時候，在背上或臂上猛力一拍。那一刻，我總想把握著機會抱一抱「他」，但每次總給靈敏的「他」逃得老遠。

今天下午，「他」和另外幾個小會員把幾袋大快活茶餐帶入中心，我正想提醒他們不可在中心進食，另一個小會員說，「他」要請我喝那杯餐茶。

黃昏「他」偷偷進入辦公室，看見那杯他送給我的茶在同工的桌面，他問我為何給了別人，我看見「他」不高興，有些兒歉疚，問「他」是否只想我喝、是否很喜歡姐姐。

我始終沒法聽得清楚「他」說著甚麼，但我著實看見「他」點頭。

不明所以，我總是偏愛一些特別的孩子。培卡是「他」的名字。

一直以來我都很好奇想問嘉榆，「他」每日來電話，到底說些甚麼話？

11.小明星

嘉榆

有天放工，想去書店選購「喜樂團」的孩子的生日禮物。走出二陂坊，剛巧碰到念小二的豪仔。

「嘉榆哥哥！你上哪兒去呀？」

「買東西囉。」

「我也要去！」他捉緊我的手，加快步伐拉著我走。

「豪仔，吃過午飯沒有？」

「吃了，媽媽弄好粥，放在鍋裏，才去上班的。」

「吃粥飽嗎？」

「飽啦！我要『纖體』嘛！」胖胖的豪仔跟別人一樣說要「減肥」。（別減！你這樣胖嘟嘟的才討人喜愛呢。）

「請你吃雪糕！」我在麥當勞門前引誘他。

「好！」他忽然樂透了。

到了書店，我在搜索「心頭好」，便著豪仔坐到唱碟架旁，給他戴上耳筒，讓他在那兒聽歌。

店裏的人不多，有的在翻書，有的在挑禮品。逛了一刻鐘，我把手裏大大小小的生日禮物捧到櫃檯上，準備付錢。

「銀河惟一的祕密，天際最強人物……」寧靜的書室忽然縈繞著豪仔微小卻清楚的童聲。客人都停下動作，把視線織結到歌聲的源頭，但見豪仔晃著頭顱，左搖右擺的逕自陶醉，實在惹人發笑。看著這一幕，其他人也跟著笑起來。

「這個可愛的男孩是新民中心的孩子啊！」我突然自豪萬分，真想向所有人宣布。

我靜靜地走到豪仔背後，待他唱完最後一句。我蹲下來，給他放下耳筒，嬉皮笑臉地用力掃著他的頭顱：

「走啦！小明星！」

12.「聖誕快樂！耶穌愛你！」

嘉榆

二〇〇〇年十二月十六日晚上，中心租了一輛電車，三十多個「喜樂團」的導師和小孩子擠在一起，在車上開聖誕派對和向途人報佳音，歡欣熱鬧地迎接聖誕。

旅遊巴士剛駛近屈地街的電車廠，孩子們已迫不及待要下車，準備跑上接載大家的電車。

阿開和桂仔心裏默念「SET，READY，GO！」，看誰先奔上車。

冰兒和小勤等幾個女孩在後面牽著手走，遠遠看見鐵軌和車頭，眼裏已閃出期待的星輝。

難怪他們如斯的雀躍，住在荃灣區的孩子，甚少踏足香港島，更遑論坐坐只在香港島才會出現的交通工具？那個晚上，他們絕大部分是第一次乘坐電車呢！

孩子們上了車，從義工哥哥姐姐手裏取過聖誕帽和熒光棒，大夥兒便跑上上層，準備唱聖誕歌。彤姐姐、芳姐姐、慧君姐姐、秀清姐姐和絮蘭姐姐留在下層辛勞地為大家準備食物和飲品，我們預備了薯片、菠蘿、腸仔、炒飯、雞翼和汽水。家倫哥哥和詩姐姐帶孩子們唱聖誕歌，歌聲吸引著沿途的行人，途人望上來時，孩子們都笑哈哈地揮手。

「我祝你們聖誕快樂，我祝你們聖誕快樂，我祝你們聖誕快樂，並賀新年幸福……」阿開唱得最大聲，阿同和他的弟弟向路人揮舞手上的熒光棒，鳴鋒、鳴林幫忙傳送食物飲品，冰兒和小勤要來一張合照（數到「三」的時候，波仔把頭伸進來！），桂仔攬著雷亮哥哥不放，小婷安靜地坐在芳姐姐的大腿上……

在灣仔長大的我，常常坐電車，雖然那一晚不斷忙這忙那，那一個半小時卻是我有生以來最開心難忘的「旅程」！

最後，電車經過插針不入的銅鑼灣鬧市，行人路和馬路的人潮滔滔不絕，孩子們興奮地為不相識的大人們祝福、宣告：

「聖誕快樂！耶穌愛你！」

「Merry Christmas! Jesus Loves You!」

經過整整一年，「喜樂團」開始成形，那一刻淑群看著孩子們坦率熱情的歡呼，心內必湧出一股暖流。她愛小孩子的真和深，説那是筆墨難以形容的。她離開新民中心的時候，最放不下的，相信是這些孩子。

（親愛的淑群，寫這篇文章時，已是一年後的聖誕節。祝你聖誕快樂，耶穌愛你！）

13.好孩子

嘉萍

今早崇拜，嘉樂弄錯約定地點。他從錯誤的位置跑到更錯誤的位置，最後才踏著焦急的步伐，滴著汗跑到我面前。

對嘉樂的了解不深，但有些片段讓我很喜歡這個男孩子。

中心開放的時候，總有許多嘈雜的聲音，玩耍的聲音，甚或打架的聲音。然而，似乎所有聲音都因著嘉樂的專注和認真，一一消滅，嘉樂的視覺和聽覺彷彿已融入筆桿和工作紙上。

嘉樂十一歲，讀四年級，待人的態度彬彬有禮。家裏保存著他在鄉間讀書的獎狀：學業的、美術的、操行的，我問他最愛哪一樣，他竟説是運動。

許多人都沒法在嘈雜的環境下專注，許多人都沒法在貧乏的生活中感到滿足，但這個長得俊美的男孩子給了我一點啟示：環境順逆，能否跨過，全在乎活著的態度。

14. 揮春

嘉榆

在短短的三個月裏，不少會員陸續收到房屋署的通知，他們可以搬往公共屋邨了。

我們的心情十分矛盾，一方面為他們高興雀躍，因居住環境可以改善，他們將擁有真正屬於自己的小天地，這對學業、社交，甚至家庭關係都有明顯的幫助。另一方面，我們真捨不得這些臉孔、這份情！

一次到石蔭邨，我碰上了許多久違了的小會員，正在邨內的遊樂場打羽毛球，其中一個小女孩就是荔枝。

荔枝讀小學二年級，雙親都要上班，她每天帶著念幼稚園的妹妹上學下課。放學後，她們會在中心裏做功課。姊妹倆都文靜有禮，姊姊頭髮及肩，眼睛明亮有神，説話清楚肯定，妹妹有標致的五官，美得像婚紗店櫥窗前的「小花女」。然而，更吸引我注意，更讓我神往的，卻是別的！

記得那天我正為門外的逆風少年嘀咕煩躁，一屁股的坐到這個小女孩旁邊，發現了她在詞語簿上娟秀整齊的字，頓時心騁神馳，她只不過是八、九歲的小孩子啊！

我禁不住驚喜：「你的字寫得很漂亮啊！」

「謝謝！」她掛上糖果一樣甜美的淺笑，平淡有禮地道謝。

是的，荔枝並不自負高傲。她從來沒誇獎過自己，從她母親的口中，我知道她在國內拿了全省小學硬筆字和毛筆字的獎項呢！

剛過去了的農曆新年，荔枝為我們幾個同工寫上不同的揮春。

「主賜平安——荔枝字」

「身體健康——荔枝字」

嘉萍把揮春貼在辦公室的木柱上，我把揮春貼在家裏的房門前。

15.選美

嘉萍

小時候，我喜歡看每年一度的香港小姐競選。

喜歡的原因，不是源自夢，自問是土生土長住在香港的「香港小姐」，但我一直想知道「美」是怎樣評訂出來的。

有天在中心 drop-in ，發覺中心的女孩子很好看：

冰兒有白裏透紅的臉頰，尖下巴，笑起來清秀的單眼皮襯托著甜甜的梨渦。

小美有個尖巧的鼻子，菱角似的唇線，帶點男孩子的不羈與傲氣。

小婷黑得秀美，一列皓齒展露她內裏的溫柔和成熟，是個美得有智慧的孩子。

仙如雖然也長得有點黑，但含蓄的眼神令人思念。以前不太懂得笑，但今天笑起來原來也很甜，誰說含蓄不是美？

莎莎自然、小雪古典、慧詩笑的時候像個娃娃……

忽然覺醒，上帝的創造是如此恰到好處，每張臉都是祂的傑作！

一直覺得雙眼皮太濃，單眼皮太淡，梨渦太甜，太薄的唇總帶點酸。

但若搭配合宜，原來是美！

朋友説過，女性的美，美在氣質。

但願在這裏成長的孩子，都能散發著主耶穌形象的「美」，活出骨子裏屬祂的「氣質」！

16.小男孩

嘉榆

有時，阿開會在中心裏吵個不停，儘管我正在同時應付三、四個會員的功課，他從老遠的桌子照樣聲如洪鐘地叫著：「嘉榆哥哥，過來！過來！過來呀！」光哥哥當值的時候，情形無異。阿開跟別的孩子打架之後，會眼睛紅紅的、牛一樣怒盯著對方，就算眼淚大顆大顆地滾下來，他都顧不得用手去抹。有的人躲在一邊偷看，也有的在偷笑。阿開握緊拳頭，動也不動，通常，我會忍著笑幫他拭去兩行淚。（阿開仔，你好「英」啊！）

桂仔也很頑皮。他會逕自爬過櫃檯，去拿自己想要的東西，例如草稿紙啦、木顏色筆啦、鉛筆啦，甚至羽毛球和籃球。完全不會向同工問一聲，他就身手矯捷地偷入「禁區」，我發現了，他就小傻瓜一樣地對著我笑。（「放回原處，請我去拿給你！」）

阿同太過「可愛」。他喜歡用言語去挑釁別人，「來！打我啦！」然後箭一樣跑出中心，人家追打他的時候，他就慌忙說：「SORRY！ SORRY！說笑罷了！」（人家追得氣急敗壞，休想就此放過你！）別的孩子不懂功課，問我的時候，阿同不理始末，就在旁拋出一句：「CHEAP CHEAP啦！這也不懂！」（我轉身問他「CHEAP」字的串法，他無言以對，我取笑著：「CHEAP CHEAP 啦！連 CHEAP 字也不會串」。自此之後，他至少多學一個英文字。）他知道我們會說主耶穌的故事，會教他們祈禱，不時也得意忘形地在大家面前背誦：「耶穌基督，住在木屋，晚上煲粥……」鳴鋒鳴林一家住在阿同一家樓上，有天鳴鋒笑著告訴我，有晚阿同被媽媽打罵的時候，他一面走出房間一面大喊：「耶穌救我呀！耶穌救我呀！」

祺英很「百厭」。他只得五歲，長得細小，會趁我毫無防備，偷偷蹲下來給我鬆鞋帶。然後，他一邊快跑一邊回頭望過來。（傻孩子，連鞋帶也給拉散了，我哪會跟你跑呢？）

不論男或女，中心的孩子都極可愛。還有誠誠、志榮、小銀、安安、心如……

17.二陂坊的玩意

嘉萍

下午，吃過午飯，回中心完成了剩下的工作，想看場電影。

很久沒有這般悠閒的周末，決定遠離二陂坊。

怎料一下樓，就被莎莎、小勤、小銀、慧詩、豪仔拉著。城城、潤發他們在比試功力，看誰的搖搖花式最「掂」。幾個女孩子不知在玩甚麼，和她們一起，吱吱喳喳就過了數小時。

晚了，回中心和小強下棋。我以前學過也不懂得下象棋，只能下「盲棋」。心想這「低能」的遊戲該沒有人會跟我爭玩，怎料我們竟在棋盤上磨了一小時。

門外又聚了一羣孩子，我說不出他們的名字，卻被閃爍著的搖搖吸引住了。

回家路上，身邊擦過「一家人」，他們的對話仍在耳邊交錯……

「捉象棋同電腦玩咪得囉，使乜搵人陪？」「係啦，成日捉住人玩，打電腦都得啦……」我看著那小孩嘟著嘴，再沒法說半句。

我心裏感謝我的父親，給我一個攀山涉水，睡草坪數星星的童年。

更感謝我的上帝，祂給在二陂坊逗留過的孩子許多同伴一起跳橡筋繩、爭打羽毛球、搶籃球、也給他們甘心樂意掏腰包買雪糕汽水的哥哥姐姐，給他們有伴同行的童年回憶。

但願你們都懂得自己是富足的，藏在心裏的財產永遠不會貶值，只會增值！

合發
餐廳
HOP FAT
蘭州拉麵皇
燒味
快活谷
髮型設計
國際鋁窗

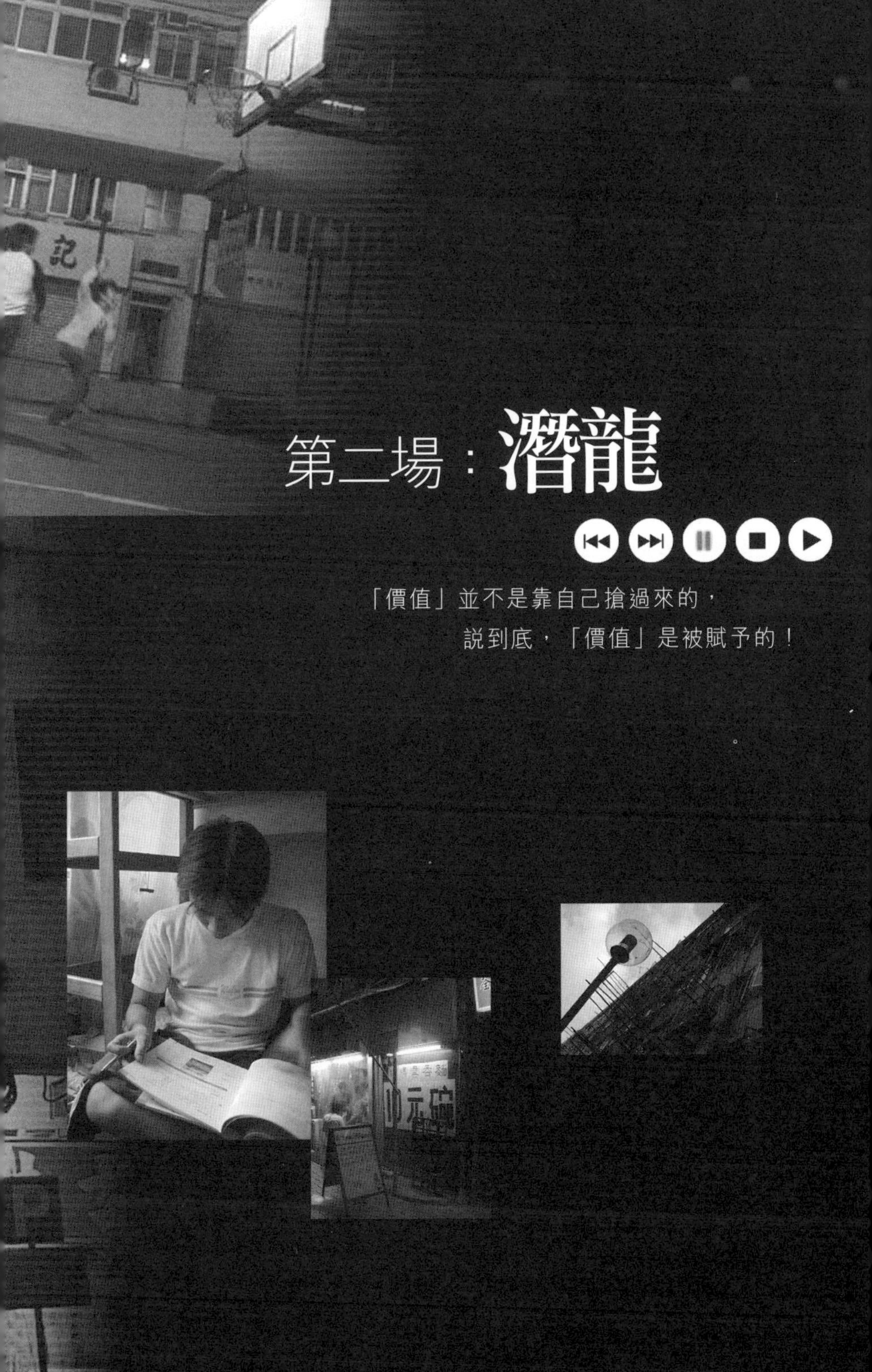

第二場：潛龍

「價值」並不是靠自己搶過來的，
說到底，「價值」是被賦予的！

1.角

嘉榆

寫鳴鋒和鳴林的劇本該從何下筆？或者，或者就從兩年前的一個傍晚開始吧……

快晚上六時了，星星尚未準備好為二陂坊這個舞台搭蓋佈景，鄰鋪的貓兒卻一早待在落地玻璃外的梯級上，準備偷偷探進中心。

中心的孩子人潮已退了一半，鳴鋒才走進來，懶洋洋地坐在一邊，沒有驚動誰。

桌子上胡亂放著幾張畫過的填色紙，沒有秩序。少年信手拿起鉛筆，在最接近他的一張填色紙上一筆一筆畫起來。

片刻之後，我不經意地踱到他身旁去望。一看圖畫紙，就發現影印出來的王子頭上，被加插上一對尖鋭的牛角，口裏長出了殭屍牙，滲出絲絲的血！

他知道旁邊有人站著注視他，依然沒有抬頭，手指卻再沒轉動半個圈。一直垂下頭的他彷彿希望告訴我他並不像紙上的瘋牛和殭屍那樣可怕。

「你可以畫一些不那麼恐怖的東西嗎？」我轉身拉來圓椅坐到他旁邊。

「畫心吧。」他隨便附和，沙啞、淡薄。隨手執起桌上一支鉛筆，輕淡地在紊亂的圖畫一角畫了一個心。不過，那個心沒多留兩秒，他就用手上那支還未放下的鉛筆比先前更加用力地塗了一個大交叉，把心形全然遮蔽。

他轉身走出中心，鑽上旁邊漆黑的樓梯，匿跡於四合的暮色裏。

六時了，中心暫時休息，我和同工們走出二陂坊吃晚飯去。星星開始露臉，腳下的貓兒「咪咪」地叫，無數個鐵鑄的問號，像風鈴一樣在我的心底裏叮叮噹噹。

2. 又會怎樣？

嘉榆

因為不諳英文，他從內地的六年級程度降至來港後的三年級，某日早上醒來道別了外婆、姊姊、弟弟、同學和朋友，由偌大的園地躲進了幾十平方呎的小單位。

他們租住在中心毗連的那幢唐樓，要走四層樓梯。來港的頭一年多，他與父母同住，姊姊和弟弟還在惠東，未能申請來港定居。最初他的父親還有工作，當地盤散工，但工傷之後，一直獃在狹窄的房間裏。母親天天加班，從清晨五時出門口至深夜十一時以後才回到家裏。

於是，鳴鋒迫著學會自己上學、放學、買菜、煮飯、洗碗、洗衣服。

少年人告訴我，有許多個晚上他悄悄溜出房間，去到球場和公園跟朋友閒扯閒逛。看著人家吞雲吐霧，看著人家說髒話，看著這個傳說中星光熠熠的燈紅酒綠的世界。

繁華幕後，俯首望望自己的居住環境、家庭關係、學業成績，驟然發現真實與夢想大相逕庭……

前路會是怎樣的呢？

3. 潛力

嘉榆

比鳴鋒小兩歲的弟弟鳴林來港定居後，我常常約他兩兄弟定期溫習、聊天。

鳴林懷著鬥志到港，十分用功，把課文讀得滾瓜爛熟，隨時抽問他，他都準備就緒。我在旁邊努力地朗讀英文課文，他專心地在艱深的字上面標音。

鳴鋒卻不同。他默書，總不屑花時間預備，要我先把課文讀給他聽，幫他試默一次，然後把錯了的十個八個生詞寫下來給他簡單地看一次，在以後的讀默裏他便能夠差不多一個字母也不漏地寫得準準確確。常識測驗呢，我先把問題和答案自問自答的讀給他聽，只消兩、三遍，他一樣可以倒背如流。

誠然我不贊成他這樣懶散和倚賴我，但我主觀地猜想他渴想有一個大哥哥可以在身邊讀書本給他聽，陪伴他，鼓勵他學習。

在廢紙上，鳴鋒寫的字縱然是東歪西斜，圓圓怪怪的，但在功課簿上，字體卻是標標準準，一撇一點都深刻有力，若不滿意，他會一一塗改再寫。

鳴鋒貪玩卻聰明，取巧但上進。

每次跟他溫習，我都很暢快。

直覺引導我相信眼前這兩個少年人有潛在的巨大能力！

4. 一掌間

嘉榆

「拍！」
紅腫的臉，
受不了粗糙的掌心。
天河裏的星塵，
強掃而下，
失去　光華。

你一拳頭裏收緊掉下的星火
另一拳頭裏握著不想被人察看的眼淚
血液都往雙腿去衝
衝出這個板間房外的大門口

陰暗的街角
給浪蕩的人去流浪
我想當你另一個的父親
(更渴望，讓你知道天父是你的父親)

擁你入懷

在角落的一角
打開那雙緊合的掌心
讓眼淚帶著星火慢慢的

緩緩地蒸發
重回銀河的位置
再一次
重拾　光華

本來晚上約了鳴鋒、鳴林，打算好好的溫習，但大家都沒有心情。輕輕的掀過幾頁書，我們就去了眾安街的一間茶餐廳。

鳴林嘗試喝雜果冰，鳴鋒依然喝他熟悉的凍檸樂。我攪動著紅豆冰裏的紅豆，腦海闖進這樣一幅圖畫：弟弟鳴林因為剪了一個不合父親心意的髮型而被無理掌摑，他隨即跑下樓梯離家而去。

5. 不是你們的錯

嘉榆

在餐廳裏喝完東西，我送他們倆回家。

踏上迂迴的、幽黑的梯間，鳴林愈走愈慢，最後在三樓的轉角停了下來。

「我不要回家！」鳴林執緊拳頭，雙腳僵硬地撐在原地。

「我不知道為甚麼爸爸這樣恨我？我每天準時上學，放學立即回家。不單功課，連煮飯、掃地、洗衣服也去做……我……我已盡了力……我真的不知道他為何這樣恨我！」他在啜泣，淚水滾滾而來。

鳴林來港不過三個月，剛嘗試與父親同住，便得到如此對待，真的不明所以啊！

父親為甚麼整天向著他們宣洩情緒？為甚麼不是呼喝他們弄菜的次序不妥，就是罵他們執筆的手勢不正確？連孩子用橡皮改錯字，他也動輒認為他們不專心？憑甚麼認定他們不是讀書的材料？他們晚上亮起昏暗的小燈夜讀，他也嫌他們浪費電源，從深宵罵至翌日清晨。為甚麼孩子剪了個令他不滿意的髮型，就要一巴掌摑去？為甚麼？為甚麼啊？

「我不要回家！他那麼恨我，我做錯了甚麼？」鳴林顫慄著，激動得他說心胸的位置痛了。

「鳴林，你沒有做錯，這不是你的錯。」我緊緊擁著他。

鳴鋒在旁邊低著頭，咬緊嘴唇，無言無語。

「這不是你們的錯，不是你們的錯。」

6. 尷尬

嘉榆

哥哥鳴鋒常令我暗地裏憂慮：他是一個不擅表達感受的少年人。

每次教他功課，幫他溫習，大概很順利。可是，每當提起生活裏一點一滴的感覺，他都把自己如冰封起來。

「弟弟現在來港和你一起住，有甚麼特別的感覺？」

「下星期是測驗周了，擔心嗎？」

「你覺得新民中心怎樣？」

對於這些問題，我不知道他是不願意回答，還是不懂得回答，他只是沉著臉，低下頭。

我憂慮他其實受了很多傷害，但只能把委屈的情緒不斷抑壓下去，無法吐出半句。

淑群對我説，可能他用以形容感受的詞彙不足夠，以致他不知如何表達罷了。於是，有幾次溫習，我刻意揀取表示情緒的教材，在彩頁上，是「快樂」、「憂傷」、「緊張」、「苦惱」、「尷尬」、「害怕」、「感到興趣」等等中英對照的字詞和表情。

除了教他英文生字外，我也把握機會和他分享：

「嘉榆哥哥小時候有一次在渡輪上，拉著一個陌生人的手下船，以為是媽媽，發覺了之後十分 embrassed，幸好那人沒把我扔到海裏！鳴鋒，你甚麼時候會感到尷尬？」(真難答！)

他睜大了眼睛笑，沒有答我便問：「那陌生人之後怎樣？」(回家跟朋友說她在船上碰見一個精靈活潑的小孩子吧？我繼續和他說笑。)

7.磨

嘉榆

有一次我又提起他與父親相處的事，他頓時沉默了，不發一言，就像欠缺了動力的機器，靜靜坐著不動。

「你爸爸為甚麼罵你？」「……」「他罵你甚麼？」「……」「你是不是很氣？」「……」

眼前的少年人，低下頭，死力執著原子筆在紙上不停地畫圓、塗抹，把先前寫好的英文生字都一一塗去了。

我不知道到底發生了甚麼事，他們只是説父親很兇。

原子筆無意識地胡亂刪劃。十分鐘了，白紙快給磨穿了！

我的心很酸，我是不是迫得他太緊呢？

（現在回想，那時是我投身工作的第三個月，我很想儘快「看見」成績來肯定自己，殊不知人之能夠成長，「時間」是其中一個最重要的因素！我究竟有沒有足夠的韌力和耐性去等待呢？）

8.空間

嘉榆

白紙，快要給磨穿了！

「你想繼續談下去，還是你覺得很辛苦，不想說了？」累得他垂頭喪氣，我覺得自己很殘忍，和鳴鋒糾纏了十分鐘，僵局終於在我這句話之後結束。

「嗯，不說了。」他鬆開緊皺的眉頭。

看著這個少年人，我的心隱隱作痛！

是我太執著了？是我太焦急了？

有好幾次我主動找中心主任淑群去問。她認真地想了一會，輕輕地給了我一些意見，然後慢慢分享經驗，也邀請阿光過來，三個人圍起來一同為鳴鋒祈禱，願他感到人間的溫情和找到宣洩感覺的出路。

淑群就是這樣的好，牽掛而不忙亂。她重視每一個中心會員的生命，容讓同工有成長的空間，也不遺忘隊工合作。她對我和阿光都十分信任，十分尊重。我們中心的主任淑群就是這樣的好。

那夜失眠，我寄了封電郵給大學時教我心理輔導的老師。林老師跟淑群的回應相若：

「假如他未有準備好向你訴説苦況，並不表示他不信任你。每一個人都需要個人的空間。這樣的空間對受了傷的人來説，尤其重要。誰願意讓自己的傷口暴露人前？你不用太焦急要他向你訴説家中的難言之隱。請讓他知道你關心他，告訴他，只要他願意尋求幫助，你一定在他身邊。這樣的保證遠勝於勉強他説出他不想説、或未有準備説的事。」

9. 祝你健康

嘉榆

那天與鳴鋒、鳴林兩兄弟去看「醫療保健」，陪他們排隊、度高磅重、量血壓、驗眼、填問卷、見醫生……熬了兩個小時。

從出生到如今，我的身體一直不好，父母常常陪我到醫院覆診檢查，今天卻好像是我為自己的「孩子們」擔心。驀然回首，突然體會到父母的擔憂，媽媽在醫院緊張流淚的心情，我明白多一點點兒了。

在回程的車上，我問鳴林我是否像他們的父親。有時，真的覺得自己是這班少年人的家長。

「不要像爸爸，我覺得你是我的大哥哥！」

那天下午，鳴林在半廢的紙上畫了一幅畫送給我。

10. 兄弟

嘉榆

日子漸漸溜去，我會為鳴鋒的默書滿分而高興，會為鳴林每天弄菜做飯感到無限激賞，我也會為鳴鋒夜裏偷偷走去三陂坊球場練習籃球而憂心，會心痛鳴林不時被父親無理責罵。

他們倆慢慢開始信任我這個「大哥哥」。有一晚在他們的家裏吃飯，他們的媽媽少姐對我建議，不如讓鳴鋒、鳴林認做我的弟弟，問我好不好。鳴鋒低著頭，鳴林望著我笑，我想起劉、關、張的「桃園結義」要兩脥插刀，出生入死！

也想起有好些朋友，專喜歡與人結成「契」兄弟姐妹。某某介紹某某是她的「契哥」，某某又是某某的「契妹」。「哦。」我只能這樣回答。

我不習慣這樣做。我只有一個親弟弟，比我小一年三個月，他自小已是我勁敵，我倆差不多每天也「操練武功」，從爭大人寵愛至爭半張聖鬥士閃卡，絕不手軟。及至今天，每當我臥病在醫院，嘉樺每一晚來看望我，幫我打點一切，有時我夜班回家，也會買一樽檸檬茶去逗他。

做兄弟，不容易，不能隨便承諾。

11.生日蛋糕

嘉榆

「做兄弟」三個字經常掛在少姐口邊，鳴林不時對人說他們來港以前跟我一樣姓「吳」。

我是一個害怕承諾的人，我不想隨隨便便答應甚麼。

那些日子，我繼續跟他們溫習、遊戲、吃喝玩樂。

直至半年後，我才鼓起勇氣，做了一件自己一向抗拒否定的事：「鳴鋒、鳴林，你們做我的弟弟好不好？」

翌日是鳴鋒生日，我挑了個蛋糕。

那天晚上在他們的家吃過晚飯，我從冰箱裏把蛋糕捧出來。我問他們要不要點蠟燭，少姐隨即拿出祭祖的長條紅蠟燭來，使大家笑得半死！

啊！親愛的弟弟，不知你許了個甚麼願望呢？

我祈求上帝給你們健康的成長，和睦的家庭，學習真理的決心，把持信念，懂得愛人和自愛！

12. 跟誰像？

嘉榆

一次「新青團契」去唱卡拉OK，大夥兒都玩得很盡情。

我們認識的這一羣少年人，大都鍾愛唱歌。可以拿著麥克風，對著熒光幕高唱，這滿足了他們做瞬間明星的希冀！

執「咪」的人唱歌，不拿「咪」的人也在唱歌、高談闊論、大吃大喝，熱鬧得很！

直到鳴鋒選唱了周杰倫的新歌，大家竟突然沉靜得鴉雀無聲，密室裏窒息著光影與聲音：

「從小到大只有媽媽的溫暖
為甚麼我爸爸那麼兇
如果真的我有一雙翅膀
兩雙翅膀
隨時出發
偷偷出發
我一定帶我媽走
從小到大你叫我學習你
把你當榜樣

好多的假象
媽媽常說乖——聽你爸的話
你叫我怎麼跟你像？」

那是我第一次認識這首歌，之後我一直好奇想知周杰倫的家庭背景。

在中心裏，有許多同工、義工都很愛護鳴鋒、鳴林兩兄弟，例如 Edward 哥哥會幫鳴鋒安裝電腦，絮蘭姐姐會帶鳴林外出談心事等等。記得有一次溫習完畢，我裝作羨妒對鳴鋒說：「你就好啦，有這麼多的哥哥姐姐疼你！」

「不……我寧願有一個好父親，像某某同學的爸爸一樣。」

13.打籃球

嘉榆

「細粒光，打籃球啦！」鳴鋒一邊拍打著籃球，一邊擁著光哥哥拉他出中心。

「好呀！好呀！」志堅和小強異口同聲：「誰輸了要請喝東西！」

誰輸了都是光哥哥請喝東西的。我預知結果必定是這樣的，阿光也再樂意不過。

「還未拉鐵閘關門啊！」光哥哥往鎖匙櫃去拿密碼鎖。

「讓我來吧！」我説。

他們快活地溜往馬路對面的三陂坊籃球場。

「記著待會兒來找我們啊！」志堅回頭喊了一聲。

我因為身體弱的緣故，一直不能做劇烈的運動，小時候每當弟弟跟鄰居去球場打籃球，我自然既羨且妒，躲在房間裏哭了一遍又一遍，不敢告訴別人。但此刻看著他們雀躍地同步遠去，不知怎的，雖然有些寂寞，竟同時釋懷舒暢。

「你沒事吧？」嘉萍用手在我眼前晃了幾下，眼睛瞪得大大的。我笑了一笑：「甚麼事？」

我們關了中心裏的冷氣機和光管，我把大閘拉下，嘉萍遞給我密碼鎖。

「真的沒事嗎？」我們從二陂坊走去三陂坊的途中嘉萍又問我，幽暗的夜空令我想到另一些討論。

「你不要任鳴鋒『傻瓜萍』『傻瓜萍』地叫你好不好？這般沒禮貌！」

「但我並不介意嘛。」

「不是你介意不介意的問題，是我們不可以讓他這般無禮。他對阿光也是『細粒光』『細粒光』地叫，真不像話！我們應該教導他……」

「你知道嗎？是鳴鋒這個孩子對我們信任，才會這樣叫我們。」

「哈！倒不見他給我起花名，他真不信任我啊！」我為自己的「教導有方」而沾沾自喜。

幾支筆直的昏黃街燈射在球場上，頂天而立地，他們幾個在籃球框下團團轉，小強、志堅、生記和天龍已經脫下衣服，赤著上膊。

「天龍，接球！」小強把手上的球擲給天龍。

「生記！」生記接過天龍的球，一個假動作騙過了別人，轉身一躍，便把籃球準確無誤地射進框內，「穿針」！

鳴鋒酷愛打籃球，球技練得卓越超凡。球再開出的時候，鳴鋒已經靈巧地從對手的傳球路線中搶過籃球：

「細粒光！接穩！」他在場中大聲喊。

天啊！我皺起眉頭。嘉萍卻在旁邊哈哈大笑：「加油！加油！」

14. 歡樂時光

嘉萍

每逢星期二、四、六晚上十時中心關門，就是嘉榆、阿光、我和一羣少年人打成一片的時間。

我們有時候去台灣店喝珍珠奶茶、到十元店吃雲吞麵、在「機鋪」打一個圈，甚或唱K至凌晨一點。

但這一晚我們選擇最有益身心兼有益薪金的活動——打籃球。

打籃球的時候，嘉榆和我都不約而同選擇同一陣線：飾演汽水機或啦啦隊！阿光常常在球賽以後，自豪地展示不是左便是右眼蓋上的一道彩虹，它卻永遠只得一個顏色：「淤」！

由二陂坊走向三陂坊，只不過約三分鐘的路程，但這一晚嘉榆走過的腳印帶著一點點沉重，眼裏也閃過一點點。他察覺我的憂慮，只笑了一笑反問：會有甚麼事？然後將話題轉移。

他問我為何不教導鳴鋒禮貌一點，說不應老把別人的諢名掛在口邊，「細粒光」、「傻瓜萍」等名字，聽在耳裏不是味兒。

嘉榆，我知道你很重視這個少年人，但你得尊重他和其他人相愛的方式，那不該落入任何程式。

你是否仍記得某月某日的某一個片段？

比諸平日，那天中心大堂人不算多……

15. 買藥

嘉榆

那天嘉萍回中心的時候，臉色蒼白得很。她說頭痛了一整夜，昨晚吃了兩顆頭痛藥，早上在車上又吃了兩顆。

比諸平日，那天中心大堂人不算多。我教冰兒做了幾個英文題，又幫桂仔默寫了一遍課文，轉身看進辦公室裏，嘉萍已經伏在案頭上。

下午鳴鋒放學，穿著一身潔白整齊的校服走進來，他放下書包，就說要入辦公室看看病了的嘉萍。大堂的吵鬧聲不容許我聽到他們交談甚麼，只見鳴鋒不停為嘉萍在雙肩上捶了很久（正是我教會阿開默英文字「玩耍」（Play）、「跳高」（Jump）、「喝水」（Drink）和跑步（Run）的時間）。

鳴鋒從辦公室出來，在我和阿開和一堆英文字母旁邊跑過，匆匆跑到街上，主動為嘉萍買藥去。

16. 校服照

嘉榆

嗚鋒升上中一的時候，我堅持要和穿上新校服的他合照。

「準備！一、二、三！咔嚓！」光哥哥拿著相機，我和嗚鋒都笑得開懷！

認識嗚鋒時，他才讀小五，教他功課，陪他溫習，幫他默書，我們不知一起度過了多少個大大小小的測驗考試。

他不像小強，小強每逢大測驗和考試，我們可以連續幾天溫習，甚至溫至晚上的十一、十二時。測驗考試過了，他可以「聞書色變」，只願翻課外讀物（這也不錯！），怎請他來溫習他大都不會到。嗚鋒的情緒較穩定和有毅力，我們都可以定期學習，每星期平均一、兩個小時溫習、「查功課」好像是免不了的。不知不覺間，我們便經歷了三次的「升中呈分試」。

記得當初要選擇中學的志願，我們都苦惱了一段時間，還有準備面試啦，讀不同的學校資料啦，到學校拿表格啦……面試那天，我與其他的家長坐在教室裏等候，情景實在可愛。家長們有的焦急的來回踱步，有的不停談手提電話，有的嘗試和旁邊的家長扯話題，有的去了幾次洗手間。我坐在旁邊的椅上，心裏禱告鳴鋒會有自然的表現和暢順的口才，我沒去問自己算不算「家長」，只感到我和他們同樣心急如焚！

我還記得之前一晚為面試而綵排的情景呢！

17.正視

嘉萍

中心的門關上了，嘉榆說鳴鋒明天要去中學Interview。

三個人在柱子與辦公桌之間進行了一次模擬面試。當時許多細節都忘了，但印象最深刻的，是鳴鋒一直低著頭，視線停留在西南偏南方一直沒有轉移，我笑著問他我是否很難看！

我們都發覺，這個在責罵中成長的少年人，不習慣抬頭面對人。在整個模擬過程中，我們重點鼓勵他，和他一起禱告，要他學習「正視」！

日子過去了，之後有許多個晚上，我們都在鳴鋒家裏的飯桌旁，在少姐深情款待的菜色裏，不經意地一起成長了。

升上中學後的第一個新年假期之前幾天，鳴鋒放學後趕來中心，在我的桌上放下了一張紙，一張見證著這兩年來不斷成長的紙——學業成績表。

「我考了全班第一名！」

然而鳴鋒的成長又豈止於此？

他站在柱子與辦公桌之間同一個位置，「正視」著我！

18.對我沒有信心嗎？

嘉榆

下午，我獨個兒在中心一樓扭氣球，準備晚上的「兒童喜樂團」遊戲。任由樓下嘈吵歡愉的聲浪在房門外大力叩門吧，傳進耳內最洪亮的，竟是光哥哥的聲音：

「專心些啦，阿開！」「培卡，不要亂跑！」「誰說要借羽毛球？」「廁紙又用完了？」「知道啦！知道啦！現在過來啦！」「呂太太，心如，拜拜！」「……」

我不禁失笑，從第三身的角度觀察，方發覺中心的每一個同工都須要學得「十八般武藝」！

「咯！咯！咯！」房門實實在在被敲著。鳴鋒放學回來，掛上笑容問：

「嘉榆哥哥，你在做甚麼？」

「準備晚上喜樂團的遊戲啊！」

「我可不可以幫手？」

「幫我扭氣球吧！」

鳴鋒是一個聰明受教的孩子，不消一會，他已精確掌握氣球的扭法。再者，他的美術觸覺和手藝技巧比我更好，扭出來的小狗、老鼠、長頸鹿……彷彿充滿生命，活生生地在房內跳躍奔跑，舞成美麗的圖畫。

「嘉榆哥哥，今天沒有功課，上數學課時有同學偷吃東西呢，老師說下星期測英文了……啊！班主任叫我做班長，不過我有些擔心……我想入籃球隊和柔道學會……」

少年人一邊扭氣球，一邊說個不停。「順敍」也好，「倒敍」也好，「插敍」亦然，總之就是自我陶醉地講個沒完沒了，我連「插嘴」的機會也沒有——其實，從那天低頭不啃一聲的少年人，到今日滔滔不絕的他，我看在眼中，又何須刻意說些甚麼呢？

六十分鐘過去了，近百個氣球在我們周圍微微躍動著。我感謝鳴鋒的幫忙，要不然便可能趕不及「完工」了。

「嘉榆哥哥，我去三陂坊打籃球了。」他背上書包踏出門口。

「喂！不要學壞啊！」球場總是危機四伏的，我往往會過份疑慮。

「難道到了現在，你還對我沒有信心嗎？」他皺起眉頭認真地反問我。

是的，在一起成長的旅途上，鳴鋒已經學懂了許許多多，我為何還未學懂「放手」呢？

他口頭上的反問，立刻成為我裏面的定心丸。

19.如此承載

嘉榆

鳴鋒和鳴林的父親，工傷之後一直找不到工作，整天躪在狹小的房間裏頭，總按捺不住自己的脾氣，兇霸霸地對著他們兩兄弟無理取鬧：

「那麼大個人讀這麼低年級？人家已經讀大學啦！」「我看你們一定有書讀不成，你若讀到中三，你走路我就跟你爬！」「花了這麼多錢讓你們來香港，你們如此沒用！」「……」

對於兩兄弟的進步，最親近的人從來沒有半句稱讚，反而倒戈相向，刺破自尊自信。

然而，少姐很疼愛這兩個兒子。為著母親，他們因此從未離家不返，或自暴自棄。給父親喝罵的時候，他們都不去還擊，垂首低頭緊咬牙關，無奈地承受一聲又一聲的傷害，每天默默地買菜、洗衣、做飯、洗碗，等待少姐下班回來。

因為父親的脾氣，有時他們不能下來中心做功課，有時他們錯過了團契。阿明在中心開結他班的時候，志堅、小強、鳴鋒、鳴林都有來學，然而，他們不敢拿結他回家裏練習，於是，當志堅和小強在教會團契裏興致勃勃地當上結他手的時候，鳴鋒、鳴林已經放棄了這興趣許多個月了。

鳴鋒在學校裏拿了「常識問答比賽」冠軍，老師獎了他一隻瓷小豬擺設，他大踏步地走進辦公室，把「小豬」放在嘉萍的案頭上。「嘉萍姐姐，送給你的！」鳴鋒當然對嘉萍很好，其實那更因為他爸爸根本不允許他擁有自己的「玩具」。

對於父親的對待，鳴林還會心存不甘，想強烈反抗，比弟弟早來一年多的鳴鋒，已經學會啞口不語，默默忍辱。當鳴林被罵得眼睛通紅，握緊雙拳，心跳劇烈的時候，坐在旁邊的鳴鋒只會垂下頭，低聲自己哼著人家聽不到的旋律，祈求難受的時間快快溜走。

有一晚，鳴林打電話來中心「求救」：「嘉榆哥哥……我……我……阿爸剛才……打我和阿哥……」聽筒傳來盡是飲泣顫抖的聲音，我和嘉萍急急走上四層樓梯，在走廊門外擁著啜泣顫慄的鳴林祈禱，待他安靜下來，我們走入房間，只見鳴鋒在雙層床上層忍受著冤屈，撇頭去睡。

他們的父親大聲地對我們說：「嘉榆哥哥、嘉萍姐姐，得罪也要說一聲，他們真的不中用！你們不必浪費時間教他們啦！」他咆哮過後，便氣沖沖走出板間房去。

我靠近雙層床，鳴鋒雙眼呆著，不願轉動：「我想了許多遍，寧願他沒把我生下來，免得生下來受這許許多多的苦……」

20.何處是天堂？

嘉萍

我同樣的問過鳴鋒：你會學壞嗎？

他回贈一句：「痴線！」

我相信這個少年人的心是堅定的。

那夜他們求助，我們就焦急地跑上五樓，鳴林已在樓梯上等著我們了。

鳴鋒也沒有真的睡。他躭在枕頭與天花板之間，用意志力讓眼淚與地心吸力抗衡。

我望著他，想起和他在麥當勞一邊吃薯條，我一邊享受著聽他說鄉間的故事，和鄉間那個女孩子。

人家都說，香港是個天堂，但在這個少年人的心裏，父親的愛才是天堂！

離去時，我靠近雙層床邊，心裏對他說：願你今夜夢裏有天堂。

21. 價值

嘉榆

朋友在某機構工作了半年，負責安排領養父母收養國內的孤兒。

領養父母第一次抱起一、兩歲的嬰孩時，無不高興得連連落淚。有的是工商界的行政人員，男士一名，穿起西裝，一臉威嚴的樣子，也禁不住掉淚。

雖然只是首次見面，手上的是別人的孩子，尚且如此！

目睹如斯感人的場面，朋友每次都在旁偷偷掩藏自己的淚水：「儘管被遺棄的生命怎樣讓某些人瞧不起，卻總有許多的人把他們看作寶貝！」

鳴鋒、鳴林，上帝對我們也是如此。

你們的生存價值，不都控制在其他人的手裏。於上帝的眼中，你們的生命是滿有光輝、尊貴！

縱使父親否定你們的進步，但這一切蛻變，都清楚刻在我們的心裏：

鳴鋒離開了昔日流連街角的朋友，專心學習。從遠遠落後的成績，努力到今天升上一間良好的中學，更在期中試中考了全班第一名！你願意助人，在小學時當風紀，在中一班裏做班長，也常常幫老師做壁報。憑著努力，你練得一手出色的籃球技術。

鳴林的學科成績也有明顯的進步，從剛來港時英文科差不多「全軍覆沒」，到今天全部及格，實在不容易。你的堅忍力，也叫我佩服不已，洗衣服、洗碗碟、預備飯菜，你無一不用心去做。

然而，「價值」並不是靠自己搶過來的，說到底，「價值」是被賦予的！

22. 投球

嘉榆

也是晚上六時，星星初露鋒芒，鄰鋪的小貓兒抓玩著孩子們的橡筋繩，大貓獨在一旁靜觀風雲變幻。鳴鋒留在中心裏溫習，我一下班，他便拉我往籃球場投球。

我很少打籃球，投球往往投到不知哪兒去，有幾球甚至連籃板也碰不到，「大針」是也！鳴鋒的球技卻很好，在學校的籃球比賽中得銀牌，站著投球，對他而言，絕非難事，準確度達百分之九十！

與我這個「悶蛋」「鬥球」，不知他會否感到沒趣？他連連投進幾球時，我想起了他的課文。中一的課本對我來說有些陌生，早幾天他還教我「火鍋」、「天婦羅」、「自訂行程」等英文詞語。

此外，我發覺他的記憶力比我還要強許多，電視劇集的劇情對我來說盡是「水過鴨背」，他卻過目不忘。他教了我的幾個生詞，過了幾天，我便忘了，他讀中國歷史和世界歷史竟然倒背如流，測驗成績有九十分以上。

「嘉榆哥哥！輪到你啦！」鳴鋒把籃球拋過來，打斷了我的思路。

我嘗試瞄準籃球框，一時間不知如何舞動十指。

「讓我教你吧！」鳴鋒得意地走過來，教我怎樣對準，怎樣發力，怎樣「擦西」。

我們一起投出去的，是堅持和毅力，通過籃球框賜下的，除了可見的成果之外，還有甚麼？

23.再相見

嘉榆

那一年，灣仔的會議展覽中心搞了一個「白色聖誕」，我帶了鳴鋒、鳴林兩兄弟去「看雪」。

那個早上剛好是他們學校的「家長日」，我便陪他們兩個回校一趟。看見他們的進步，我很欣慰。鳴林來港僅一年，英文科已考得合格，操行「優」等。鳴鋒的升中呈分試考得不俗，班主任建議他報讀第一、二組別的中學，他在校內更是「傑出風紀」。

鳴鋒和鳴林不會主動向父母提起他們的進步，之後幾天我卻不厭其煩地對他們的爸媽說鳴鋒怎樣棒、鳴林怎樣出色。少姐滿臉笑意：「這要感謝你們才對！」

「是他們自己用功罷了！」事實也是這樣。

取過成績表，我們首先去了香港公園和動植物公園。籠裏的猴子拉著麻繩跳來跳去，喧嘩尖叫。鳴林拿起照相機拍了幾張，鳴鋒模仿牠們叫，我們拐過籠子後面，鳴鋒說那些猴子還追著去叫他。（當然啦，同類嘛！我對他說。）

在會展場內，我們玩完攤位遊戲，坐完摩天輪，然後累得在石級上等「下雪」。我們等了許久，有些餓，鳴林伏到我的大腿去，既然等了多時，我們不甘心就此罷休。終於，在某角落的屋頂窗戶裏，噴出一團團雪一樣白的泡沫，我們趕快跟其他人一起哄過去。濕淋淋的「雪球」飄散頭上，我叫他們把頭低下，好讓我拍攝「雪景」。

晚上，我們「潛入」我的母校，那是一間 Band One 的英文中學，我驕傲地說。走在長廊上，惟有自己知道幾年前才在這兒玩鬧過、幼稚過，今天卻要壓好自己的頑劣，裝著做大哥哥去「教化」別人！

最後，我們走去對面的維多利亞公園看莫斯科馬戲團，我沒錢買昂貴的票，只得坐到最後的一排去，有一半的時間差不多要站著看。

在麥當勞快餐店裏，我不知該不該說這一番沉重的話：「我發覺自己實在太疼愛你們了！你們一定要信耶穌啊，那麼，即使我死了，也可以在天堂看見你們！」

我不知我還能活多久，醫生說我能活到今天，是一個神蹟。在中心工作的兩年間，我兩次「心臟病發」，送去了急症室，命懸一線。恰巧那兩次也遇上長假期，鳴鋒和鳴林都回鄉去了。我多麼渴想他們可以在我身邊，我又想起教我寫作的胡老師叫我好好保重身體，「不要在孩子面前上演悲劇」，我又多麼慶幸他們不在我身邊啊！

所以他們看到的，總是那個永遠健康寫意，帶著別人東跑西跑的嘉榆哥哥。

鳴鋒、鳴林，我們都有自己的路要走，請繼續信靠我們的主，有天再相見，我們會雀躍地分享自己路上的喜悅和豐盛！

雲呑麵
10元碗
San Miguel

18–20号
二楼后座
20号
阁楼
18号

第三場：逆風之旅

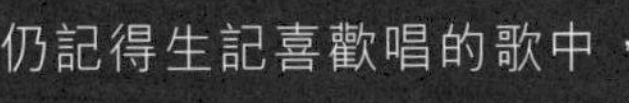

仍記得生記喜歡唱的歌中，

除了粗口歌之外還有一首……

1. 身分

嘉榆

你在藍帽人面前
賭氣地站
被打量著的是那張
發黃過膠證件

身分
是印在紙上的編號名字和日期
還是藏在心底下的牢籠孤單和破碎？

十一月正午的陽光
從你滿不在乎的表情
反射到我緊緊的眉頭下
啊！兩個年輕人
開了不同的花
在二陂坊的同一塊地上

生記年紀比我小，但他和我一樣高，我很瘦，看上去他比我強健百倍。現在我們都沒再上學，我讀完大學就在二陂坊的新民中心工作，他未完成小六就在二陂坊的士多「搵食」。

他比我狡黠聰慧，比我健碩強壯，比我精力充沛。我較他幸運之處，是能夠在一個小康之家成長。

我們熟悉的年輕人，一字排列，雙手疊後，被三個藍帽子喝著查著。

我和嘉萍都看不慣。

平時只有他們肆無忌憚地説粗話，有好幾次，穿便衣的竟兇兇地把他們逐個用粗言穢語罵個狗血淋頭。

他們沒有反擊條件，平素不多説話，連粗口亦嫌學得生硬的小吳含著一泡眼淚，顫著手遞上身分證。

2.逆風之旅

嘉榆

就在那個悶熱的開學季節，二陂坊忽然來了十多個「性格演員」！

頭髮橙的有，金的有，黃的有，藍的也有。扣幾隻耳環，幾個男幾個女的坐在中心門級外吹煙、調笑。

我在中心裏每日與家長們閒談，教小孩子功課，與少年會員鬧玩。當目光擲向落地玻璃外的空地，只見另一齣截然不同的動畫卻同步上映！

在學校上課的時辰裏，望出去清清楚楚地看見這一羣被流放的個體，正在大聲説，大力喊，大口噴地招搖過市。輟學的白晝，全都了無意思地奉獻予這個破落的坊間，深宵借宿在江湖大佬的「士多」內。偶爾為「大佬」們暗暗地運送「貨品」，出去跟對頭幫派互相嚇唬一番，虛張聲勢，打打架便又一天。午飯和晚飯，就伸手向人要。

習慣了，連尊嚴也丟慣了。

他們只不過是十四、五歲的孩子罷了。

「士多」是在中心旁側的第二個鋪位，逆風少年跟中心同工的關係漸趨緊密。他們大都是新移民，有幾個更申請了做中心的會員。不過，礙於人手物力的限制，中心的資源主要花在新民孩童、在學青少年以及新民家庭裏。對於人家眼中的「邊青」，我們卻未能做甚麼。

借廁所、借電話、進中心或等人、或閒坐的場面屢見不鮮。我們彼此的關係時而緊張，時而鬆弛，幾個同工對他們不同的名字和獨特的性格通通惦記在心。

「昨晚放工後，生記拉著我打了一場籃球！」阿光雀躍地說。

「天龍今天跳了隻霹靂舞！笑死人！」嘉萍興奮至極。

「原來偉仔輟學前讀的，是區內第一級別的中學。真可惜！」淑群發現了這個「祕密」。

「小吳整個早上坐在沙發上，悶悶不樂，我問甚麼他都不肯答！」我說。

他們聰明。他們率直。

他們沒有家庭，社會沒有他們。

3. 信不信

嘉榆

晚上十時放工，與孩子們和少年人逐一說「拜拜！明天見！」，不時同場加演鬧劇。在同工「宣布散場」與會員「不肯離場」的兩極裏嬉笑吵鬧一番，每一夜的拉鋸戰反而加深了我們之間的情趣。

「捨不得我們嗎？讓我過來吻吻你吧！」我和阿光都會這樣「恐嚇」孩子們。

「來吧！」嬉皮笑臉的阿同突然閃出舞台中間高聲請示，兩隻小手臂早已向左右張開。

好！我們樂意奉陪！一個急步趨前，擁他入懷，便在圓圓的臉蛋上匆匆一吻！

「哎呀！」（其餘的孩子見狀，用了五秒大笑，再用了一秒逃難。大功告成！）

x x x　x x x

很困難才終於把中心的鐵閘拉下來，別過了阿光，我往福來邨的小巴站走去。

途中想起幾個中心門外的逆風少年，幾個進來中心說粗口，然後被我趕走的少年人。

中心門外的櫻桃花過早開得火紅刺眼，也準備在生長軌跡中提早枯萎。

我到達小巴站，一股強烈莫名的感動朝反方向拉我歸回二陂坊。

我在附近的便利店買了些薯片、蝦條和汽水，步步為營地走回夜晚十時過後的坊間。老遠，已經看見他們坐在欄杆和公園綠的木椅上對談、嬉笑。

他們曾經有家，現在一窩人每一晚都窩藏在黯黑的士多裏、公園內。

我走進一堆人裏，拿出食物分享。他們喜極了。生記問我在新民中心工作辛苦不辛苦，問我讀完「多少年級」，為甚麼在這裏做工，黃誠問我在新民中心工作有沒有錢，布丁問我住在哪裏、有沒有女朋友，小吳問我家裏有多少人，爸爸做甚麼工、媽媽又做甚麼工，天龍問我會不會跳舞，愛不愛跳霹靂舞，偉仔借了我的手提電話玩「貪食蛇」遊戲，他破了我的紀錄，那個紀錄（819分），保持至今。

他們問我有沒有抽過煙。我説沒有。

他們不相信一個二十三歲的人未曾吸過一口煙。

日後和他們接觸多了，我已經不介意他們信不信我有沒有吸過煙，但我始終介意他們信不信世界依然為他們存留希望，信不信人性還值得被冠上尊嚴。

我所介意的只是這麼的少，卻原來又是那麼的多。

4. 女子防衛術

嘉萍

我才開始有感動為神去接待中心門外的少年、青年、甚至老年的邊緣人，即收到一份頗特別的禮物，今天回想起來仍可以教我傻笑半天。

那是嘉榆回中心時送給我的，他說在舊書攤發現的一本絕世武林祕笈──「女子防衛術拳譜」。

為了報答他的一番心意，我邀請淑芳一起很「認真」地研究這祕笈的精要，經過連串的揣摩習練之後，終於領悟出這拳術的最高境界就是：死快D！

因此我決定放棄防衛，採取進攻之策！

嘉榆，你還記得那一夜，我們和生記、偉仔在旋轉餐廳的一頓除夕自助晚餐嗎？

5. 香港公園

嘉榆

十二月三十一日，公元二〇〇〇年的最後二十四小時，天氣並不寒冷。那是一個明朗的星期天，我和嘉萍各自返教會崇拜。

下午，約了生記和偉仔在金鐘站。

我和嘉萍坐在地鐵站裏精品店前的一小級樓梯，等了差不多一個小時，才見兩個頭髮染金的少年人走過來。

「睡醒立即趕來啦！」已經是下午的三點鐘。青春無敵，真的不會被離家出走的陰霾罩得住？

他們都擁有機靈的容貌，年少的帥氣。

生記生得高大、硬朗，態度直接，雖然不常在家裏睡，但他的媽媽愛向我們提起，他偶爾回家的時候，總對弟妹呵護備至的。

偉仔跟生記一樣已經沒有上學，中一輟學之前，偉仔讀的竟然是荃灣區內一間第一組別的中學啊！知道這個消息的時候，我是多麼的震撼，又是多麼的為他惋惜。其實，初時我不敢相信，直到有一晚與他在小麵店裏吃麵，乘機考他「水」的英文是甚麼，「糖」的英文又是甚麼，他都串得出來，「w-a-t-e-r」和「s-u-g-a-r」。他只來港不久罷了……

生記和偉仔都是第一次來到香港公園，我們一邊在朗日清風下吃雪條，一邊於山林人像前拍照。一家家扶老攜幼在我們身邊穿插，嘻嘻哈哈，情人又緊拉著手，好像幸福得很。

我們走在瀑布前，看見一對新人在拍照，兩個少年人看得出神，穿起婚紗的少女的確美麗。

生記悄悄地説想與新娘影相。為了一個少年人單純的要求，嘉萍大膽地走前去問新娘子。情侶大方地應允，我從背包裏拿出相機。

「咔嚓。」他們兩個年輕人都來自破碎家庭，我們深願溫暖和幸福也能像泉水一樣，可以一起分享。

6. 除夕餐

嘉榆

我們在公園裏再拍了幾張照片，走了一會，便乘搭電車到灣仔的合和中心。

記得小時候，有一兩個特別的日子，好像是我生日，或弟弟考了個好成績甚麼的，爸爸媽媽晚上帶我們來六十四樓的旋轉餐廳吃自助餐，真是畢生難忘！爸爸很熟悉香港的地勢環境，隨著地板慢慢的轉動，他忙不迭在全港最高的大廈頂端向我和弟弟介紹地方和名勝，這一邊是尖沙咀啦，那一邊是啟德機場啦，對面又是大嶼山啦，再過一些便會看見……

然而，年紀尚小的兩個頑童，只管在逆時針轉動的地毯上順時針地蹦跳！

生記、偉仔、嘉萍和我，那天就在六十四樓的旋轉餐廳吃除夕自助餐。我暗地裏和生記、偉仔說好了，要顧及禮儀，不可以說粗話，不能夠吸煙……結果，兩個男孩子真的合作，展現了少有的男士風度，還為我和嘉萍取食物，拿刀叉。強裝而來的成熟，蓋不過稚氣的可愛，甫坐下來，生記把弄著手上的食具，便一臉疑惑：「是左手拿刀，還是右手拿刀？」

「我猜是右手刀，左手叉，對不對？」偉仔委實聰敏。

「我們一起謝飯祈禱吧，祈完禱，才揭曉！」我説。

吃到尾聲了，穿上一身聖誕打扮的男女服務員，請大家戴上桌上各式繽紛的卡紙帽，一同吹響口哨子盡歡。

「哋！哋！哋！」穿西裝的吹響了，一家大小吹響了，我們面前那兩個年青人也竭力地吹著。

那已不是全港最高的大廈了，爸爸對方向的敏鋭沒有傳給我，我不懂得給生記和偉仔介紹風景。不過，那一晚，我們都很開心。

凌晨零時零分零秒，我們四個人在銅鑼灣崇光百貨前的路中心迎接二〇〇一年。

「五，四，三，二，一，新年快樂！ Happy New Year！」

7. 我願

嘉萍

忘記了何時開始認識阿明，但仍然記得那一次……

中心開放的時間，嘉榆哥哥和光哥哥在當值，一羣逆風少年在中心內喧嘩。

我們都一致採用「耶穌愛你」來做「武器」，和他們開展一場很漫長的拉鋸戰！

阿明和嘉榆、阿光比較熟悉，我很少有機會和這少年人相處，只知道他是中心的早期會員，已經很穩定參與教會崇拜，也是團契的中堅分子。記得暑假期間，他在中心義務教導比他年少一點的少年人彈結他，聽說，他是志堅、小強的第一個結他導師。然而，我還是對他的認識少之又少，只覺得他比同齡的青少年成熟一點，也知道他在學業上很努力，在信仰上也有經歷，有股沉實、帶點憂鬱的獨特氣質。

「你們這樣為他們付出值得嗎？他們會珍惜嗎？是否只想佔點便宜？」阿明在中心門外拉著我說。這是他和我的初次「相識」。

我很感動他對我們的著緊。在謝謝他之餘，我向他的愛心發出挑戰：「你願為他們的生命而禱告嗎？」

「我願意！」他肯定地説！

之後每個星期二晚上，十幾位有心人聚集在中心門外，為二陂坊的邊緣人唱詩、唱勵志流行曲、作見證的時候，阿明也在當中做「司結他」！

差點忘了，阿明在音樂上還很有天分，是無師自通的！

8. 人在旅途相遇愛時

嘉榆、嘉萍

回望世途兜兜轉轉
踏遍江湖身經百劫
看這地 這世代
重拾那日那名義

重踏世途千絲百結
問你可曾找緊主意
要退下 總未遲
誰又會明身後故事

罪裏囚 怕面對眼前事
別嗟歎 愛常伴你名字
心中有信念 永難移
期望這地傾盡正義

何日故人 捨身相依
淚血俱流 盼你展翅
那份情 血未停
誰又顧念這情義

何懼困難衝開捆綁
神造各人跟祂美意

我祈求 你每日
人在旅途相遇愛時

淚縱流 要面對眼前事
別嗟歎 愛常伴你名字
心中有信念 永難移
期望這地寫下正義

因著關心二陂坊士多內的少年人，我們認識了 Benny。聽說他曾經回轉，因在他生命中出現過一段好動人的愛情故事。可惜今日的他說，人在江湖脫不去「罪」的日子！於是，我和嘉萍寫了《人在旅途灑淚時》的新詞，送給說喜歡這一曲的 Benny。

9. 天黑黑

嘉榆

和嘉萍用了一整晚來調停小會員偷鄰家金錢的事件，對他軟硬兼施，事情終於才告一段落。帶著哭喪著臉的小男孩向人家的父母道歉，但願孩提的經歷不時提醒他，沒有人可以憑自己逃離人性的幽暗面，惟仰望和面對真正出路。

步下樓梯，已經十時多，遇上生記、偉仔、小吳等少年人。他們仍未想回家，在「士多」裏外流浪。

我們認識了他們幾個的母親，知道她們必定盼子回家深切，夜夜失眠。於是，嘉萍忽然大膽地挑戰偉仔：

「我們會坐在公園裏，直至你願意跟我們一起回家！」

那是一個漫長的深夜，月亮在唐樓間的天線上走鋼索。緩慢地、緩慢地……

在便利店買了少許零食和汽水，我們就這樣坐在坊間的長木椅上待著。一場「良心」與「毅力」的拉鋸戰於十一時開始了！

他們幾個最初以為我們只是説笑罷了，沒想到我們如此認真。他們在黑壓壓的坊間唱著歌、跳著舞，甚至翻筋斗……我們聊著聊著，不知不覺就是凌晨兩點。

「想不到他們如此『硬正』！」生記壓著嗓子對偉仔説。連他們的「師父」、「師母」也從士多裏走出來，正氣凜然地對他們説：「回家吧！不要嘉萍姐姐、嘉榆哥哥這樣等下去嘛！」

最後，我們幾個在附近的茶餐廳吃過「晚飯」，再「護送」偉仔回家。

那時已經凌晨三點了，另一個剛離家出走的少年從士多裏悄悄地探頭出來，見證著這一幕：台前的演出，無心插柳，靜靜地感動了台後的人。我、嘉萍和「他」，互不相識，往後的日子，這個少年人竟成為我們在中心裏一個最要好的朋友！

10.赤柱夜灘

嘉榆

表妹 Yvonne 從加拿大來港度聖誕，她説想認識這班少年人。那夜，我、嘉萍和 Yvonne 與生記、偉仔、天龍、小吳去了赤柱沙灘。

城巴從金鐘出發，劃破了燈光閃閃的鬧市，也衝開了樹影婆娑的田野。月色初露，淡淡地浸透了大地，彷彿為我們照亮腳前朦朧的步履。

我們七個人，在赤柱沙灘上，踢水花、打水片、點蠟燭、唱海闊天空喝采摘星真的愛妳問我快樂常歌唱……

生記對著大海呼喊，等待最盡處那水平線的回音。

偉仔用腳踝擦著粗沙，拉出不同的女孩子的英文名字來。

天龍在星月底下打出幾個舞步，又跑回來跟我們繼續唱歌。

小吳獨自步離，坐在樹下，靠著樹幹。

Yvonne 與他們年紀相若，總是甜絲絲地笑著，天地一片融洽。

11.承諾

嘉榆

在回程的巴士上，偉仔和天龍承諾把頭髮染回黑色，再找學校讀書，生記承諾找工作，不再蹉跎歲月。

他們叫表妹緊記寫信回來，而她也遵守了這個承諾。

12. 等待黎明

嘉萍

赤柱夜灘以後，我們都在商討為幾個少年人找學校。

過了幾天，天龍興高采烈跑來中心對我們說，他媽媽已寫了封求學信給半年前讀過的學校。

我們都很興奮！

浪子回頭，想不到天龍重返校園的心比我們更著緊。

每天嘉榆和我都問，學校那邊有回音沒有？我們都相信有教無類。

天龍也預備好學習重返校園，如何勇敢面對給自己傷害過和傷害過自己的同學。

我們都等待著……等待著……

13.尋校記

嘉榆

「嘉榆哥哥，如果學校肯收我讀書，你給我補習功課啦！」天龍衝進中心嬉皮笑臉地說。

小孩子們摸不著頭腦，平日在坊間裏翻筋斗、跳霹靂舞的哥哥突然要去唸書麼？

「好呀！每日幫他補一個鐘！」生記在旁取笑。如果他們是認真的，我無悔每天對他們一句鐘！

「嘩！不是吧！」天龍停了片刻才接著：「一個鐘？至少兩……」

我們都以笑聲報答對方！

x x x x x x

偉仔把頭髮染回黑色，大清早，我和他一塊兒找學校登記去。

輟學之前，他讀的是區內一所第一組別的中學，人人趨之若鶩。但現在，我們只有嘗試報讀一所較次等的中學。

那天是公眾假期，在校內並沒見到甚麼老師和學生。在校務處裏，偉仔雙手交疊在後，彬彬有禮地向校務處職員詢問：

「唔該，我想報讀中一，請問有沒有位？」（他那懇切的態度，使我忍俊不禁，差點沒在職員前笑出來！）

職員瞄了我們一眼（可有發現我在偷笑？），遞上一份表格：「填好了，交回來再說。」

我們坐在雨天操場的長椅上小心翼翼地填表格。偉仔忽然打趣般輕聲問我：「哈哈！不知在這裏可不可以抽煙？」

「待會交表格時，我幫你問問吧！」

表格填好了，我們將它交到職員手裏，只欠相片和家長簽名。我們離開校門幾步，我焦急卻認真地說：

「啊！忘記了！忘了問職員這所學校有沒有設『吸煙區』呢？」我作勢要轉身跨過門檻。

「喂！喂！喂！說笑罷了！」

14. 曾經努力過

嘉萍

我知道，阿董曾經努力過！

有一段日子，阿董、阿誠、布丁都努力過！

三個女孩子到中心來，主動找我們幫她們溫習。

記得曉眉幫過一個，慧琪幫助另外兩個。兩個大姐姐加三個女孩子，擠在閣樓的電腦房內，過了好幾個晚上。

補習的過程中，董媽媽坐在中心沙發上，大吵大鬧著要女兒早點回家，說不要為她再花時間了。當時我想，她是否知道她的女兒心裏想把書讀好，在正路上重新確認自己的位置？

回頭，原來不是容易的事。少年人的意志，加上父母的鼓舞，再加上客觀環境人事的支持，才可能成事。

又有一段日子，我和三個女孩子一起禱告，一起看婉雅和成貴的 VCD，她們都哭過。

她們真的努力過！

15.報警啦！

嘉榆

每次燕姐來找我和嘉萍，都帶著一副哭著的臉，說的全是關於小吳的事。

福利官建議她去報警。小吳每晚不在家裏睡，燕姐怕他會學得更壞，法庭的「保護兒童及青少年」令告訴她，她應該去報警。

然而，有哪一位母親希望「親手」押送兒子進男童院，「親眼」目睹獄中的骨肉眼瞪瞪地恨她一世？但誰可保證夜夜笙歌的浪蕩不會更危險？

燕姐很無助。我和嘉萍也很迷茫。

作決定前，也該打個電話向小吳的父親交代，向這一位多年前已搬離家跟別的女人同住的父親問一個意願。我們三個在辦公室裏按下「揚聲鍵」：

「我多謝你們，但他沒救了，不要花心血！小吳一輩子怕事，但白天帶幾個兇的惡的來家裏睡，在雙層床上噴一個下午的煙，連鄰居都受不了！一窩人吃盡了冰箱裏的食物，連一顆米也沒留下，晚上不但不回家睡，最壞就是偷家裏的錢……」我們沒有機會搭腔，那個男人對這個家的事倒清楚一二。

「我以後再不會理他……」他根本已經沒有理他們。接下來大概十五分鐘的控訴我們基本上沒聽進甚麼，燕姐習慣性地淚流滿面，我和嘉萍面面相覷，想著那天從赤柱沙灘乘巴士出金鐘，小吳躺在我的雙腿上，喉嚨顫著小孩子的聲音問我可不可以第二天早上陪他找學校，他不認得路。

「報警不報警，你們決定好了，我也控制不到甚麼。」

「你來和小吳吃一次飯好不好？」嘉萍問。

「不用了，我真的沒時間。」拒絕得夠快。

電話掛斷了，室內盡是機械而冷漠的「嘟嘟」聲，還要響多久，已經沒有人去過問。

原來小吳一直呆若木雞地站在玻璃屏外望著我們！

燕姐突然站起來，轉身開門就走向小吳大聲說：「你不要再這樣啦！生性點！我快要死啦！我求求你！求求你！我真的不想報警呀！」母親搖著兒子的胳膊，落淚失聲似罵似哀求地說著。

「報警啦！幫你去打電話吧！叫人拉我啦！一向都沒有人理我疼我的，我有甚麼所謂？」小吳把燕姐拚命推開，在同伴中最內斂的一個，情緒也急急決堤。一隻在獵槍下等待落網的幼獅張牙舞爪，作最後的垂死掙扎。

他怒吼著，急得眼球通紅。他拉開靠側的鐵門，匆匆地衝下樓梯。

「嘉榆哥哥，祝你身體健康！嘉萍姐姐，保重！」漆黑的梯間淹沒了他的背影，我們卻清清楚楚地聽見他近乎呼喊的「祝福」。

這是小吳被關進男童院前，對我們說的最後的話。

16.媽媽最重要

嘉萍

除夕夜，生記被捕了。

我翻看著去年除夕夜，我們在六十四樓吃自助餐的相片。深深記得我們四個人將餐廳送給客人的花環、尖帽子戴滿了全身，看誰最傻氣！

和蕭媽媽禱告、尋社工、問律師意見的過程中，蕭媽媽一直把持著神公義的信念，相信主耶穌愛的能力可以挽回她的孩子。

「我相信生記不會壞到這裏，無論官怎樣判，我仍會給他機會。」「如果他真的入獄，我也深信耶穌有祂的美意使他回轉。」

在警局的門前她對生記說：「只有耶穌能救你！」

蕭媽媽常常掛在口邊說，生記是個乖孩子。真的，別人很難想像，染滿金色頭髮，口裏噴著煙的少年人，兩年前初到香港的生記，在鄰居仍在睡夢之際，會起來給要趕返地盤開工的媽媽做飯。

認識的生記，會說：「媽媽最重要！」

也許別人不會明白，這個少年人為何要倚靠「士多」？為何作令母親傷痛的事？但有誰又在意，兩年來他在不能選擇的情況下，在香港生活所過著的，是怎麼樣的日子？

在二陂坊中心門外，常圍聚著一羣許多人都看不過眼的逆風少年，但能有生記和蕭媽媽仍是那樣相愛的母子，是一個動人故事。

仍然記得生記喜歡唱的歌，除了粗口歌之外還有一首：世上只有媽媽好……

17. 急症室

嘉榆

天能要求回校讀書，一早起來便打電話到校務處，校方商量了幾天，最後拒絕了他的要求。我和偉仔報讀的那所中學，也沒有回音，偉仔的心情很低落，對找學校讀書的事最終亦不了了之。大多數的深宵，小吳仍然溜達街外，直至那天被關進了男童院。

之後不到幾日，一個準備回中心的星期一的早上，我在家裏心臟暴跳如雷，給送進了急症室，在深切治療部獃了幾天。

18. 出走急症室

嘉萍

星期一的早上回到中心，同工淑芳說嘉榆突然進了醫院。

跟著的那幾天，我沒法找著任何有意識的感覺，直至他從「深切治療部」轉到普通病房。生記、偉仔和天龍都嚷著要跟我去探嘉榆。

我帶著幾個少年人的心意，在「早日康復」的慰問卡上，簽上他們每一個的名字送去給嘉榆。

嘉榆出了院，給我寄來了這些字條：

偉仔：

謝謝你的禱告，我相信主耶穌已聽到了。
這幾天你好嗎？有沒有回家陪媽媽睡？仍會不會想找學校充實自己？
很掛念你啊！遲些見到你，再向你「挑戰」！
祝你新年快樂，願你年輕的光陰過得充實、有意義！

嘉榆哥哥

天龍：

你好嗎？多謝你畫給我的那一隻雞和雞屎！
你的髮型是不是仍然很「光」呢？
祝你新年快樂，愈來愈型仔！

嘉榆哥哥

生記：

多謝你的禱告和寫給我的卡，主耶穌一定聽到，祂一定很欣賞你！
我會好好休息，再見你時，請你喝東西，好不好？
祝你蛇年唔好咁「蛇」啦！要認真過活，珍惜時間！
祝你開心快樂！

嘉榆哥哥

讀過一本書《潛水鐘與蝴蝶》。我想，嘉榆的身體雖然困在病床上，心卻已飛回來二陂坊。

19. 詩

嘉榆

取了一個星期多的病假，在家裏休息。

其間為了交稿，寫了一首詩。

嘉萍讀過後回應了一篇。

插儀器打針抽血放血和大大小小的檢查，我都忍著痛楚熬過去了，讀了嘉萍的詩，我竟禁不住流下淚來。

20.我和妳去種花

嘉榆

劇場的角落是一袋種子
有一天妳說要和我去種花
我拉著妳的手走下台
一羣小孩子便跑過來
在兩隻指尖間　忽然
爬來了許許多多隻
小手

我和妳把他們的拳頭
一個一個地打開
從布袋裏拿出種子
一顆一顆地放下去
「你會看見　有天會開花！」
他懷疑　她微笑　他點頭
她眼瞪瞪的望著

一個少年這時從我們中間走
妳拉著那穿插而過的遞上一堆種子
「你要相信　有一天會開花！」
「花開太遠　帶我去看煙花！」
在他轉身離去時
我偷偷地放了一顆在他的背囊裏

小孩把玩著手上的芥菜種
問我
「在背囊裏的會不會開花？」
我握著妳的手蹲下來
問他
「到那天你會不會和我們一同賞花？」

21. 送花

嘉萍

劇場的角落仍是那一袋種子
每天我期待和你去看花
你拉著我的手走上台
我以為這就是未來
忽然你在我的指尖間溜去
你說太倦

我把舞台的布幕捲起
將種子撒滿前台
願某天　你偶然從這邊經過
也許能看到　花已盛開
卻不曾記起　和你一起種花的我
獨在台後

少年人曾回來找你
他說背袋裏長了鮮花
小孩子興奮地問
「哥哥往哪裏去種花？」
我把舞台的布幕拉下說
「他在冰冷的床上戰鬥！」
小孩把玩著手上的小花
問我

「哥哥的床前可有花？」
少年人握著我的手
他說
「今天　我和你一起去送花！」

22. 日出日落

嘉榆

學校拒絕了偉仔和天龍申請入學的要求。小吳被關進了男童院。鳴鋒、鳴林接連被父親「精神轟炸」，情況不見改善。小敏仍然念不出乘數表，令我很氣惱。在大堂裏，阿開在跳，桂仔在叫，做功課溫習的依舊溫習做功課，懶散頑皮的繼續任沙在沙漏裏漏、被動被迫等長大。太太們將肉和菜擱在一堆，三個五個地坐在沙發上讀報，闊談新聞。

太陽由東邊被拉往西邊，落下了再從東面爬起，又被拖到西邊。

來來回回，天天如此。

與我同期畢業的同學中，有的剛完成了碩士學位，有同學月入三萬，有同學考了個車牌，陪女朋友去了幾次旅行，上一次是歐洲的意大利。

那天淑群跟我做「督導」，我坐在她面前宣洩著幼稚的積鬱。她不單是我的上司主任，她更是我的好同工，好朋友，好姐姐。

「如果這一年我在商場打滾，把我投資在新民會員的時間和精力放在別的範疇裏，可能已有不錯的成績……」我竟自負地說。我想起凌晨三點和嘉萍等偉仔回家，想起下班後仍不時上會員的家吃飯去，想起假期回中心跟孩子們補習……

淑群只等我慢慢的抒發吐盡，定睛專心看著我，沒急著哼半句。我不知道她心裏是否很難過、很失望，她的眼睛確是紅紅的。我當時不明白她為甚麼不鼓勵我，或不糾正我，現在我感激她一直懷著溫柔與耐性，陪我成長，等待和相信我有一天會明白。

等我明白人內在的生命素質比外界的一切虛浮榮華都來得更加重要，更加寶貴，更加恆久。

窗房
租$1,300
電:82082141
套房
租$2,000
82020869
82020869
深井套房
企理陳記側

第四場：起飛

我像一隻小小飛鳥
穿梭在這城市之中
我正在尋找那慈愛雙手
那就是主耶穌

1.《我是一隻小小鳥》

嘉榆

我和他的性格有些相似，是甚麼呢？那時我還不能肯定。

這個少年人最喜歡唱歌，尤其是任賢齊的歌。他說《我是一隻小小鳥》是他的心情寫照，尤其當他與父母吵架後，大大力把門「砰」聲關上，一個人溜達在街上，琅琅上口的，也是這首歌。

有時候我覺得自己像一隻小小鳥
想要飛卻怎麼樣也飛不高
也許有一天我棲上枝頭卻成為獵人的目標
我飛上了青天才發現自己從此無依無靠

每次到了夜深人靜的時候我總是睡不著
我懷疑是不是只有我的明天沒有變得更好
未來會怎樣究竟有誰會知道
幸福是否只是一種傳說我永遠都找不到

我是一隻小小小小鳥
想要飛呀飛卻飛也飛不高
我尋尋覓覓尋尋覓覓一個溫暖的懷抱
這樣的要求算不算太高

所有知道我的名字的人啊你們好不好
世界是如此的小我們註定無處可逃
當我嚐盡人情冷暖
當你決定為了你的理想燃燒
生活的壓力與生命的尊嚴哪一個重要

我是一隻小小小小鳥
想要飛呀飛卻飛也飛不高
我尋尋覓覓尋尋覓覓一個溫暖的懷抱
這樣的要求算不算太高

編按：《我是一隻小小鳥》原唱者為趙傳，作者在本文提及的是任賢齊重唱的版本。

2. 給我找學校去

嘉榆

那個下午，我從二陂坊走往新民中心，正準備把大鐵閘拉上去。

「借廁所，快快快！」轉頭，瞄見一個棕髮少年，耳背扣上幾隻互不配搭的鐵環（bad taste 啊，我心想），粗粗魯魯地嚷著。

他擁有濃密的眉毛和明亮的眼神，本來堂堂的相貌卻給幾天沒睡似的霧氣壓了下去。

「你不是會員吧？不可以借廁所。」

「我是小美、小婷的大哥呀！」他眉頭一皺，沒好氣再去解釋，「急」得直跳起來！

小美和小婷？那兩個乖巧聽話，放學後總聚精會神在中心做功課的小一的女孩子？小婷那瘦削的骨骼和臉上泛起甜絲絲的笑渦，在眾多小會員之中她留給我深刻的標記。她兩個參加中心的「喜樂團」也準時專心，出席率奇高。她們的大哥⋯⋯

門開了，那個「大哥」二話不說便衝進廁所！看著他飛跑的背影，憋不住快要急死一樣，我就忍俊不禁。

從廁所裏走出來，他一屁股坐在電話旁邊的木椅，獃獃望著我。

「暢快得捨不得走？」對著這類少年人，我只管跟他們胡扯說笑。

「給我找一所學校吧！」他一臉認真，根本不似談笑，期待的眼光差點把我嚇退了。

我突然答不上來。想起偉仔和天龍被學校拒絕了，想起小吳被關進了男童院，想起自己剛剛出院不到三天，想起……唉！我大大力深呼吸，眼睛竟不敢正視眼前的少年。

正要把目光挪開，視線就駐紮在牆上的木十字架上。

「放工後吃飯才說。六時來這裏找我啦。」

少年人走了，那一刻才二時十五分。「嘉榆哥哥，過來教我常識科！」阿開竭力地拉著我的手腕。（Yes Sir！別這麼使力吧，手臂快要被扯下來啦！）

3. 浪子回頭

嘉榆

放工後，在茶餐廳裏，開始了我們的第一頓晚飯。

「你叫甚麼名字？」我問他。

「李駿強。」嘴角沾上咖哩飯粒的他説：「叫我小強吧！」

筷子和鐵匙起起落落，一碟咖哩海鮮飯轉眼間被眼前的「餓鬼」扒光，我還在撥弄著手上的白汁石斑飯的三分之二。他問我可不可以叫一杯凍檸樂，我説可以。

我問他為甚麼想再讀書，問他為甚麼不回家睡，經過三個多月與中心門外的逆風少年的接觸，我對他們的情感已習慣下來；但眼前的小強卻挑起我另一種的親切感，我們好像特別投契。

小強其實健談，表達能力尤佳。妹妹眼中的「大哥」，在我心裏不過是個「大孩子」。他何嘗不期望有人關注、有人聆聽、有人重視？

「你們像可憐偉仔他們一樣，可憐可憐我好嗎？幫幫我，給我找一所學校吧！」他仍堅持著。

離開了茶餐廳，已經是晚上八時。他要走去「士多」那邊，我硬要把他拉入中心。

擺好乒乓球桌，我挑戰他：「如果我勝了，你就要回家睡！」（你想找學校，學校也得見過你的父母啊！）

寧靜的密室內，二人拿起球拍你一推我一擋，楚河漢界，四壁反彈著「乒乒乓乓」的聲音。他在外頭，打賭自己怎也死不去，我卻只想把他的睡床賭在乒乓球桌上。

送他回家前，我跟他坐下來讀了一個聖經故事。他說三年前來香港讀小學的時候，也聽過這個故事。結果，我們拼拼湊湊，把「浪子回頭」的聖經故事又讀了一遍。

「相離還遠，他父親看見，就動了慈心，跑去抱著他的頸項，連連與他親嘴。」我未見過少年人的父母，但我相信他們仍然不願意放棄他。

我們走上二陂坊的其中一幢唐樓，小強住一樓，但那夜的樓梯好像特別長。他大力敲門，門緩緩地拉開。小婷看見我，張大了嘴巴（我本來也不知道站在旁邊的是你們的大哥，我心裏告訴她）。

李先生、李太太惺忪地撐開眼睛，望向門口。

「回來了嗎？」李先生問。

「你哪裏去了？」李太太關切得等不及。

「你們不想我回來嗎？」小強開始兇起來。

「誰說不想你回來？你不要一時回來睡，一時又消失幾天嘛！」李太太說。

「我想怎樣便怎樣，你們很煩！」小強向後跑，我擋著他，捉緊他的肩膀。「你不要攔著我！」我放手，驚訝於他的怒氣。

我放手，他竟呆呆站在我面前，沒有跑掉。小婷拉小強進室內：「入來才說吧，吵醒鄰居便不好了。」

我見晚了，沒跟他們進去，一個人步下樓梯。

4. 一封信

嘉榆

小強說要重回校園，我們翌日便去找「家庭福利署」的社工幫忙。

黎先生說小強跟別的幾個孩子不同。是的，偉仔等了不久便說要走出走廊抽煙，生記總是坐不定，從一張椅子跳到另一張，小吳連坐也不肯坐，望進人家的辦公室探來探去。

小強卻能安靜的坐在我身旁，一起翻著書報，等了一句鐘。

「你們儘管回輟學前的學校試試看吧！」這是黎先生惟一能夠建議的。

當日，小強脫掉耳環，把頭髮染回黑色。

他毫不猶豫地走去附近的一間教會報名學結他，在新民中心上英文和數學補習班，幫嘉萍做義工，給我承諾每晚凌晨十二時前回家睡覺，承諾以後不踏進「士多」半步。

那時，還未清楚學校會不會真的再次收錄他啊！

之後連續幾天，學校要小強分別約見副校長、訓導主任和以前的班主任，還邀請李太太去見他們。

記得那些日子，我很擔心小強會因為煩厭而放棄，我們幾個同工聚會祈禱的時候，總會想起他。

星期五，學校終於正式開會，細密慎重地商討會否再給他重讀的機會。

那天早上，我冒昧寫了一封信，親自拿去給學校的副校長。我不甘心將這個少年人所付出和改變的一切藏在心裏，如果我多花兩個小時，可以參與改變他一生的計劃，是我的幸福。我懷著這份傻勁，翻著地圖，踏進了這所職業先修中學。

我在教務處門外等候著。剛好小息完畢，正在集會，我靠著牆垣向禮堂看過去，見穿著整齊的學生一列一列地排得井井有條，有幾個領袖生或學會主席輪流站到台上宣布課外活動。

幾隻麻雀乘著初春的風降落在旁邊的圍欄上，輕輕拍拍翅膀，小嘴兒整理著羽毛。我舉目望向蔚藍的天空，心裏不期然禱告：「倘若小強有天可以站在禮堂裏某一排的某一個位置上，真好啊！」

鳥兒，可以真正高飛嗎？

5.友情在晴朗的天空下展開

嘉榆

在晴朗的二月天空下，小強在等學校通知。

離開了龍蟠虎踞的「士多」，我希望小強建立新的友誼，融入健康的社交圈子。那個星期日，中心舉辦家庭旅行，我就拉了他一同去。在往烏溪沙的旅遊巴士上，坐滿了五十多個大大小小的家庭會員，阿光、淑群和我，除了小強，還有志堅和另外幾個青少年。

「今天一起去旅行，有美麗青春的……」光哥哥為一整天掀開歡喜的序幕。

志堅和小強那時並不熟落。下車後，我只和志堅略略説過小強背後的故事，便把小強交給他來照顧。

我對志堅十分信任。他忠厚沉實，負責認真，每每遇上連續幾天的學校假期，第一時間他已有條有理地把功課完成，難怪升上中學的首次考試他已經在班裏名列前茅！

在綠茵草地上，我和阿光跟少年們踢了一場足球，大家都出了一身熱汗。剛出院不久，可能還未適應加了分量的藥力，我開始感到暈眩。於是，志堅和智富合力攙扶我進禮堂休息。

從禮堂虛掩的鐵門望出去，小強自顧步離人羣，獨個兒爬上樹幹，眺望羣山。

午飯過後，會員漸次分散參與各色各樣的營地活動。射箭、打乒乓球、籃球、羽毛球、踢足球、踏單車……每樣玩意兒都不乏擁戴者，營地頃刻變得熱鬧而歡愉。

志堅、小強和幾個青少年在山坡上打排球。一羣別個團體的少年男女走過來，調笑著擲下一句：「人妖打排球（當時一齣膾炙人口的電影）啊！」然後，一哄而散，沿著梯級走下斜坡燒烤去。

排球突然往半空裏拋，一下子被憤慨填胸的小強打落山坡下的燒烤場去，不知擊中了誰！待大夥兒走下去的時候，那幫人已把球兒收得密密的不知所終，大家遍尋不果。

「我要他先道歉！」一個女孩子高傲地朝小強指去。小強憤怒，卻又明知理虧，沒哼半句。難熬的局面僵持了差不多一分鐘，我夾在中間，有點兒不知所措。

「算了，算了……對不起，請把球還給我們吧！」志堅最後去解圍，堅定而平靜地說。

回頭走上斜坡，志堅一手抱住排球，一手搭著小強的肩頭。一個以忠誠化解侮辱，一個以努力見證人前。

友情在晴朗的天空下展開。那學年，如果小強可以再讀書的話，他們應該都是中一生，志堅比小強大四個月。

6. 小情人

嘉萍

一個人走回家的路，總覺得路特別長……

忘了哪一天開始，小強和志堅不約而同問我離開中心的時間，不由分説便「脅持」我到巴士站。

我笑言，從此他們就是我的「小情人」了！

一直以為他們順路陪我走走，後來才發現……

那一晚，中心由我負責關門。同工教志堅彈結他之際，我正把中心的桌椅收入儲物房時，志堅立即放下心愛的結他，幫我把所有的東西都收拾好。

我和兩個男孩子，以「嫐」字組合暫別二陂坊，沿著川龍街，穿過大河道，走上荃灣地鐵站迴旋天橋，繞過南豐中心，下到66M巴士總站。

我的「小情人」也別了南豐中心，走下荃灣地鐵站迴旋天橋，沿著大河道，穿過川龍街，才能走到回家的小巴站。

來來回回這段路，我和我的「小情人」，不經不覺已走過了許多日子。還會走多久？多遠？

我不知道！只知道曾一起走過的路上，我找到了「愛」和「被愛」的鑰匙。

7. 人生的霓虹標誌

嘉榆

終於，小強平靜地告訴我，學校錄取了他，著他下星期一回校上學。他在電話筒裏平靜地對我們「宣布」，我們每一個都興奮雀躍得「嘩」一聲跳起來！

他説他的舊校服褲破爛了，請我陪他買新的。

在旺角那條長長的街道上，霓虹燈推銷著不同的商品，挑弄著不同的追求。我們只需要一條沒破洞的校服褲，在某一間店鋪裏我們找到了，小強緊緊地捧著灰褲，彷彿只差一小步便可以再次踏入中一班的教室，我搭著他的肩膊，一份暖流同時湧上心頭。

本來，我想藉著那拍拍肩的動作，給他一點支持，但原來，他那堅毅不屈的耐力，反而不知不覺間帶給我極大的鼓舞！

小強，看！我們頭頂上的霓虹光管，犬馬聲色的好像指示著人生不同的方向。明天，你就要重新坐在教室裏了！未來即使無人知道，我願你更加珍惜生命裏的每一個機會。

只要肯回轉的話，路，永遠不會是「冤枉」的。

8. 人口普查假期

嘉榆

學校收了小強重讀中一，編他在只有十人的輔導班。人口普查假期之後有一個測驗，如果成績理想的話，他便可以進入正常的四十人的「正常」教室。

假期未開始，他打算回鄉幾天，聽聞之後我臉上的青筋險些全部現出來了。我剛拿了幾天年假，希望專心與他惡補功課，剛重新返校一個星期，他怎可如此「放心」？

他藉口説鄉間的嫲嫲知道他輟學的事，曾經憂心忡忡，整天在哭，現在他想親自把重返校園的消息告訴她，叫她老人家能安心。

「然後順便去玩個飽嘛，對不對？」我責問他。他無話可説。

因為這件事，他和母親也吵了幾天。在父母和我們的反對下，小強終於沒有在這個假期裏回鄉。

放假那幾天，他努力不懈地學習錯過了的課業。測驗的成績嗎？他全班第一，不到幾天，他就被編入「大班」。

然而，他竟沒有機會再見在鄉間把他帶大的嫲嫲一面了……

9.海洋公園

嘉榆

兒童「喜樂團」已運作了一年三個月，孩子們不時追問星期六晚有沒有團契，冰兒和桂仔自覺地把聖經金句背得爛熟，連我忘了的他們都牢牢記著。

「新青團契」正密鑼緊鼓。中心難得招聚了十來個少年人，我們就試試為他們搞一個團契，當中當然包括鳴鋒、志堅、小強、莎莎等少年會員。

「新青團契」的第一擊，就是在周日去遊海洋公園。

「那，入場券是不是中心付的？」聽到宣布後，他們幾個青少年雀躍地齊聲問。

「當然啦！這麼划算，怎可不去？」阿光瞪大眼睛，執緊拳頭。

「車費呢？」鳴鋒問。

「午膳呢？」莎莎接上。

「好啦！好啦！通通中心付啦！」阿光錦上添花。嘉萍和我看得出神，真是快樂。

「如果我在一隻過山車上認識了一位女孩子，我想請她吃飯，中心會不會付錢的？」小強忽然「提問」，我們面面相覷，他卻咧嘴大笑。

「嘩！你們知道不知道，這是我第一次去海洋公園啊！」小強興高采烈地說。（喂，那有甚麼關係？還有，過山車並不是「一隻」「一隻」的。）

10.在晴朗的天空下

嘉榆

張開眼睛　一扇暖暖的窗
驅走這赤地裏的荒涼
從大地頭上　初升的朝陽
照出一個永遠方向

懂得愛心　知道怎麼分享
不枉愛過活過這一場
誰亦是同樣　奔波於驕陽
人潮從來沒有築牆

人和人年和月都太類似
無論怎麼都只活一次
晴朗的天空中找到生息的真義
人才能無悔舊時

在人潮和圍牆下只要願意
憑著主恩典總是可以
晴朗的天空中跨過彼此的疆界
連潮流亦會轉移

一早決心　將我愛笑的心
感染世上愛哭的人

曾立下宏願　可不可都能
唱出真正壯闊聲音

關心眼光　　彷似最美的燈
終會照亮遠方的人
如未盡全力　怎麼可消沉
能抬頭凡事也可能

「新青團契」剛開始時常常唱這首歌，大家都很喜歡，滿有音樂感的志堅、小強和康衡唱得尤其投入大聲。彷彿，悄悄地，這已成為我們的「團歌」了。

11.鄉間來的電話

嘉榆

「大於，小於，等於，猜一個中文字！」阿同最喜歡找著同工猜他的謎語，中心那小小的圖書閣的謎語書他已翻了幾遍。許多條問題，我答了一次又一次，有時甚至只是聽了謎面的第一句，我已經可以立刻喊出答案來。但對於這個謎語……

中心關門後，我仍坐在樓上，獨個兒思考著小孩子的問題。桌上放了一疊草稿紙，準備一會兒與小強溫習用的。我漫不經心地哼起詩歌，在紙上畫著畫著：大於，小於，等於。

「主啊，我要回到你身旁，我要回到你身旁……」唱著唱著，忽然記起兩天之後「新青團契」便會去海洋公園玩個飽，真是快樂！

鐵門這時給敲響了，我走過去開門，小強手裏拿著幾本書，不作一聲走進來。他沒有和我打招呼，甚至沒有瞄我一眼。鐵門仍冷冷地開了一半，我握著門柄，他從我身旁走過後，我才有意識去先把門關好。

我們坐下來，他一直側頭看到窗外去，良久不懂得發聲。

「……大陸那邊打電話來，説嫲嫲突然去世了。」

他轉過臉來，頭微微地垂下，那時，我才看見他眼裏盡是紅絲。

他説過小時候是他的嫲嫲把他帶大的，爸爸媽媽常常忙這忙那，就只有嫲嫲來呵他逗他。有甚麼好吃的都給他吃，有甚麼好穿的都給他穿。他的嫲嫲也會帶他出村外玩，直至一天她重重的跌傷了，難再走動為止。

「你曾説過你的嫲嫲很疼你，你很想親自把重返校園讀書的消息告訴她，讓她放下心頭大石。你覺得很傷心，也很內疚，是不是？」

他的牙關咬得愈緊，眼睛便顯得愈紅。

「咯！咯！咯！」鐵門又被敲響，我從防盜眼望了一望，告訴他是他的父母和妹妹。他走到窗前去，任冷氣機的冷風吹進五官。我開了門，他的家人坐下，他卻從樓梯走了：「不用幫我買海洋公園的入場券了。」

一家大小告訴我明天一早便急需趕返大陸奔喪，請我翌日為四兄妹打電話向學校告假幾天。我承諾了，請他們早些回家休息，好準備明天大清早回鄉。

收拾好背囊，我不知往哪裏摸黑找小強。拉開鐵閘，他竟站在不遠處的梯間。

中心申請了一部電視遊戲機，擱了三個多月也未曾玩過。

「去不成海洋公園，陪我打機吧！」我說。

我們拆了紙盒和膠袋，躲進密封的房間比賽賽車，玩格鬥遊戲。

12. 路還長

嘉榆

收好遊戲機，乘車回家已過了半夜十二時。

在巴士上，我打電話請小強記得在墓前把想說的話說一遍。

回家，我寫了一段文字給他。

路還長

別回頭　讓過去了的罪狀
跟你敬愛的人　一起埋葬

別疑惑　留在心間是你孩童的模樣
真正愛你的人會原諒　離開了也帶著想像

別內疚　自責的心並不是她所希望
包容和明白　時刻來自故鄉

別放棄　昨天留下一幀相
決心用今後的日子　以毅力去補償

別難過　請你迎著風和太陽

拾起掉下的眼淚　蒸發成美麗的方向

別退後　人不會白白的活過
不辜負葬了的人　去珍惜活著的心

你強忍著，但眼淚在你撇頭一刻湧出，你用力地拭，用力地……可以陪伴掉淚的你，我感謝你對我的信任。

13.路還有多長？

嘉萍

這一夜很冷……冷風吹過眼瞼，小強以為我哭了！

新青團契散會後，幾個少年人志堅、鳴鋒、光輝站在馬路的一端，等候好朋友小強。

我挽著小強那「強勁臂彎」，跟志堅和光輝走了一小段路，我問他們想往哪一間機鋪去。嘉榆，請你猜猜，路還有多長？

他們拉著我手，帶我往 66M 巴士總站。

路實在好長，我怕小強一蹶不振，我想讓他知道此刻我能夠觸得到他的傷處，但他卻打消了我的念頭說：我不會放棄幾經辛苦爭取回來的念書機會！

四個人躲在已關閉的商場一角，禱告我們的神，深信祂能包裹縱使是早已碎了的心！

要走的路還有多長？誰曉得？

但我得深深記下這特別冷的夜。

小強在我身邊說：「I love you！」

「Me too！」

（他「糾正」我，說不是 me too ，要說 I love you too 。）

14.度過了這個「通宵」

嘉榆

這是一個很「早」的早上。

清晨五時十二分，天空慢慢吐下白絲，曙色流氾。雀兒三三五五地從樹叢裏鑽出來，吱吱喳喳，搧著風，為天底畫起幾度弧線。

一夜沒睡，喉嚨沙啞，我仰視天際，問旁邊的小強：「累不累？」

「不！」宿舍的天台上，他往後靠穩扶手膠椅，雙腳放在桌子上。

在鳥兒撲翼而出之前，第一度日光還隱藏山背，剛過去的是一個漫長的離羣的黑夜。

這是三日兩夜的暑期青少年宿營的最後一天，在野外定向和歌曲分享後，梳洗一番，各人已軟軟地攤在被褥裏。剩下小強和我在天台上聽電台的深宵節目，吹著夏夜的風。我們都不是乖乖循規蹈矩的那種人，我和他同樣屬於自恃和「硬頸」的一類。

收音機播放著任賢齊和鄭秀文的慢歌，有星無月的夏夜是背景。

我們談的題目不多。五個小時裏，思緒就像在公車的玻璃窗上迎接的陣雨，雨滴打在玻璃外，然後又流去了。

他最後説，小時候在鄉間，渴想可以與母親無所不談，懷念曾經在母親面前撒嬌的日子。當她出門，他就依依不捨地摟緊她不放，跺著腳哭，直等到她心軟回頭逗他。

直等到她真的心軟回頭，逗他，把小小的小強抱入懷裏。

人，可以倔強得連頭也不回地離家出走，也可以脆弱得引頸等候至親回眸，渴待擁抱。

要是再找話題，應該可以隨意説些甚麼，但我們都再沒説甚麼了。真正的朋友，不須要苦苦找話題，一切已經心照不宣。

從清晨奶白的天頂往下望，在萬宜水庫旁邊小小的青年旅館的小小天台上，兩個年輕人開始合眼睡去。

15. 爸爸媽媽

嘉萍

再讀嘉榆為小強寫的詩《路還長》，心裏仍有一點兒觸動。

嫲嫲離去後的日子，小強沉默了許多，但他曾經為了悼念嫲嫲，第一次開聲禱告。

那夜在中心閣樓活動桌前，我讓他嘗試觸摸自己心裏面的痛楚，嘗試回想那幾天在鄉間的感覺，他哭了！

無意中我發現，他和他爸爸媽媽之間，已經在「擁有」與「失去」的功課上，學會了一點點「珍惜」。

他説，在家鄉某一個晚上，他整夜在外，清晨才回家，但爸爸已沒有像以前那樣責備他。

我問為甚麼？小強認為爸爸明白自己心裏的痛苦。

小強更對我説了一句令我十分感動的話：「我知道爸爸其實比我更痛苦！」

真的嗎？我想，你真的知道嗎？

過了一段日子，小強的妹妹告訴我們，小強為剛放工回家的爸爸盛飯。

我又問小強：是真的嗎？

「人在的時候不做，難道要等他不在的時候才做嗎？」

真的，我想，他真的明白了！

還記得母親節的那一晚，小強拉著嘉榆哥哥、光哥哥和我在川龍街、河背街走了幾回，為他的媽媽選了一個粉紅色的草莓母親節蛋糕。

16. 飛鷹

嘉榆

小強，不知道你還記不記得第一次和你吃飯的那個晚上，你説我樂意幫助你，只是可憐你罷了，我們樂意去幫偉仔和生記等人，也不過是可憐他們罷了。

嘉萍和我有一夜等偉仔回家，在二陂坊的長椅上足足坐了三個小時，直至凌晨的二時多，偉仔才肯讓我們「陪」他回家。那時我們還未認識你，你剛離家出走幾天，月圓的深宵，你從「士多」裏一個人探頭出來，靜悄悄地觀望著我們和幾個少年人的拉鋸戰。

與你相識的頭幾個小時，你説我們在可憐你們，我沒有解釋甚麼。一切，有待時間去證明。

在這一年多的日子裏，你清楚知道我們對你是有期望、有要求的。例如我們訂定了目標：要戒粗口，要戒煙，考試平均分要達到七十分以上，要準時回家⋯⋯甚至，有幾次我試過嚴肅地跟你講道理呢！

小強，你知道嗎？我們看到的，並不是一隻被老虎抓傷的小兔，蹴在草叢一角被動地待偶爾途經的人去包紮救援；我們預見的，是一隻英勇高瞻的飛鷹，有一天能夠自由灑脱地於長空展翅！

17. 一周年

嘉榆

今天又是三月一日，時間無聲無息地溜走，去年的三月一日，是小強第一天重返校園的日子。

面對眼前這個少年人，老實説，他染棕髮穿鐵耳環的 bad taste 樣子，我怎也不能自腦海再翻出來了。那只是一年之前的日子啊，怎能想到，十二個月後的今天他已重拾書包升上了中二，他曾在測驗周全班拿了第一，課餘練得一手好結他，老師更讓他擔任園藝學會的中堅分子，他還代表學校參加了校際朗誦比賽。早陣子，中心為他們這個家庭申請了一部二手電腦，他專注地練習中文打字的速成輸入法，不到一個月，他就能把心愛的任賢齊的歌詞一句一句地打出來。

嘉萍、我和幾個青少年參加了一次在太平山頂進行的赤足步行籌款，小強是眾多青少年會員中最賣力的一個，他主動找來的贊助者最多，籌的款項也是最多，在我們那支隊伍中，他和志堅最快到達終點。他頗喜愛讀課外書，我借給他的《海闊天空》、《地久天長》和其他關於中文寫作技巧的書他都一一讀完。

此外，小強的確是一個真摯率直的少年人。他剛重新入學不久，便真誠地在電話筒裏唱了首叫《多麼感激》的詩歌給我聽，之後幾天又要我在小巴上教他唱《主是我力量》。一次我正準備上他的家吃晚飯，突然很不舒服，他竟然背著我上樓梯。每次到他家裏，他都會在母親面前好好的招呼我，斟茶倒水，甚至親自弄他拿手的醬油蛋炒飯給我吃。有時走在街上，他見我有些累，會主動幫我背著背包。相處久了，我跟他的話題亦慢慢擴闊了，已經不再（不能？！）那麼拘謹和「命令式」了（唉！這也不知是否好事？），我與他不但是同工會員的關係，更加是一雙要好的朋友！

每次看到他放在床頭的小沙漏，我便知道人生並沒有「速成法」，生命的光輝都靠毅力、勇氣和時間去磨練而成。

「I'm proud of you！」

小強，今天你已經不再是一隻流離失所的小小鳥，掛在你口邊的，是這首叫生命更動聽的詩歌：

我曾經像一隻小小飛鳥
飛躍在這藍天海上
我無時無刻徬徨無助
找不到可以傾訴

我曾經像一隻小小飛鳥

穿梭在這城市之中
我正在尋找那慈愛雙手
那就是主耶穌

主啊，我要回到祢身旁
我要回到祢身旁
那慈愛雙手正等著我　來擁抱我

主啊　我要回到祢身旁
我要回到祢身旁
那慈愛雙手正等著我　那就是主耶穌

（詩歌《尋找》）

眾安街
後座 124-142 前座

GUITAR

第五場：青春舞曲

如果連我自己也不相信他們會分辨是非，

如果連我自己也不相信我們的救主會看顧，

我還有甚麼理由堅持下去？

1.晴天下的少年

嘉榆

「哈哈！哈哈！」隨時隨地的爽朗笑聲，是光輝這個十四歲少年人的標誌。

一天早上，他帶了兩個同學走進中心，看見淑群和我坐在櫃檯後商討甚麼，於是好奇地探頭過來看個明白。我們見他不作一聲、細細察看的樣子，不禁疑惑起來。

「我們正在預備『喜樂團』的周會內容呢！」我嘗試打開話匣子。

「哈哈！」一輪突然的笑聲伴著他和兩個同學轉身，然後推門而出。

歡笑聲有如晃動著的玻璃大門，仍然縈迴中心之內。我坐在櫃檯背後的椅子上，一句嬉笑話跳上了我的腦袋：「他傻了嗎？」

他當然不是傻了。光輝只不過是一個極度開朗、天掉下來當被子的孩子。有次，他的英文課本失蹤了，第二天還要交英文功課，他的書本可能留在中心某個角落，花了點時間到處搜尋，最後仍空手而去。要是其他的小孩子遺失了課本，定必哭上大半天。光輝卻只是聳聳肩，輕輕地苦笑一下，歸家去了。

光輝還未來香港以前，弟弟錦祥和妹妹仙如已經經常在新民中心流連、做功課和參加班組活動。有一天，錦祥和仙如帶剛到港的哥哥來新民中心，介紹他與我們認識。光輝第一次走進新民中心，沒有半點畏縮戰兢的陌生感覺，一副滿不在乎的表情，好像來到自己家裏一樣，叫我們相處得更融洽愉快。

在「喜樂團」裏，光輝算是年紀較大的參與者。可是，他相當投入，有時甚至雀躍得大聲説、大聲笑，自得其樂。他，是每時每刻可以笑、笑、笑的「笑年人」，平日與他一起，必能感染幾分歡樂！

他寫的字，不論是中文字也好，英文字也好，總是東歪西倒，忽上忽下的，好像他的性格一樣，輕鬆自在，無拘又無束。有一次，他交的那一份「聖經故事閱讀比賽」的問答紙，幾乎全部問題都答對，可見他的理解能力不差，只是一如既往，他的字寫得很亂。我給他寫評語時打趣寫上：「你的字在跳舞嗎？」直到今天看他的小五功課簿，他的字仍然很嚮往舞蹈！有時，我不會對他正説，卻在心裏暗忖：「你真是一個滿有創意的藝術家啊！」

光輝在香港度過的第一個生日，我帶了他和他的妹妹去「農場餐廳」吃牛扒餐。他問我是否「左手拿刀，右手拿叉」？「不對！」（當然他不是左撇子）我對他説。很不幸，二分之一的機會率也碰錯了。他無奈地笑了一笑，把手上的用具對調，又繼續「開餐」。

光輝的家人移居香港以後，他有整整一年留在內地，寄居在叔叔家裏。那夜吃過晚餐，回家途中，在地鐵月台上我問他那一年的日子過得怎樣，他沒哼半句，雙眼刹那間變得又紅又濕。我對他這突如其來的反應感到萬分錯愕，手足無措。

我見過不少中心的會員哭，但一個屬於晴天太陽的孩子怎可以眼睛紅紅的呢？

我用力地拍拍他的肩膀，撫慰著他。

「沒事！沒事！」他推開我的手，為自己辯護。

聽説他獨自留在內地的那一年過得很可憐，長輩不疼他，表兄弟姐妹又多次趁他外出時進他的房間偷看他的書信，思念父母手足之心情更是深不見底。

地鐵慢慢地駛過面前，停下來，在我們鑽入人羣裏面的同時，我彷彿感受到陽光下的驟雨，不過，雨後的彩虹，相信一樣燦爛！

2. 睿智

嘉萍

光哥哥離職前的一星期，我做了有生以來從沒有做過的事！

幾個少年人：阿明、古仔、鳴鋒、志堅、光輝、小強……和還不願告別青春的我，在三陂坊籃球場上第一次參加籃球賽！

我們分成兩隊，光哥哥、阿明和我在同一隊。

甚麼規則、怎樣傳球、如何射籃我通通一竅不通，只得不停跟著跑，但肯定的是從那夜開始，三陂坊籃球場上面住著的街坊，都會記得「嘉萍」這個名字。

阿明在隊中肯定是高手，他的投籃技藝眾所皆知，我這門外漢能參與已是萬幸，而每一次當阿明接著球時，無論與我相隔幾呎或十萬八千里的距離，他都會大叫一聲「嘉萍」！

在我手上失的球也許有十萬八千多個了，但阿明總是讓我失而復得，失敗後總仍有一次新的機會，而「嘉萍」的名字在球場上必定繞梁三日！

最後，所有隊員都入過球，為了讓球賽美滿一點，大家都在不攻不守的戰術下，給我最後一次機會！

「嘉萍好嘢！穿針！」阿明比我還要興奮地叫！

原來在球場上，尤其是在賽事中，更能洞悉一個人的本質。

阿明，感謝神賜給你一份從祂而來的睿智！

能不重視眼前的成敗得失，反給予失敗者無限的機會和鼓勵，不就是主耶穌自己的恩慈嗎？

離開球場的時候我問阿明：「甚麼叫穿針？」

3. 同路人

嘉榆

有淑群和阿光這兩個好隊友，我不能不承認這是上帝親自做成的奇妙配搭！

阿光是社會工作系的碩士，關於與會員有切身關係的公屋輪候過程、政府福利政策、工傷賠償權益等問題，他都瞭如指掌。每當我碰見相關問題，滿腔疑惑，他都會耐心地向我解釋，叫我有機會對應著每個家庭不同的需求施援手。另外，他的見聞很豐富，差不多每一次家庭旅行，他都會充當「導遊」，介紹地方名勝、風景人物，淑群和我坐在旅遊車前排開心地聽著他説話，享受得很。

不過，我欣賞阿光，並不單因為他的學識和視野，更因為他對人的真誠和寬容，以及事事親力親為的態度。

有幾次在球場舉行嘉年華會，縱使有幾十個義工、十多個少年會員幫忙，阿光都「身先士卒」混在鳴鋒、阿明、志堅、小強等少年人裏面一起搬運沉甸甸的物資。看著他們來來回回，汗流浹背仍不願停下來耽誤一刻，我在旁邊顯得無能為力，只可以提議工作完成後請大家喝汽水。

然而，許多時候，付出了勞力，阿光還甘心樂意搶著慰勞這班會員：「來！休息一會，我請大家喝汽水！」搞一個成功的嘉年華會殊不簡單，小至一顆「麥克風」腳架的螺絲，大至整個球場的燈光音響，阿光都親身調校、查看。

一個下著滂沱大雨的夏夜，「紅色暴雨」訊號高掛。那夜中心漏水的情況很嚴重，於是，阿光摺疊起褲管來，換上中心僅有的拖鞋，拿著膠桶盛水、倒水、盛水、倒水……孩子們興奮得嘻哈大笑：「光哥哥下田啦！」「光哥哥種菜啦！」

晚上在中心裏「戰」過蹦蹦跳跳的小孩子，下班後，阿光有時還會約好個別的青少年會員「宵夜」，跟他們共同面對高考、工作、家人相處，或者租房間等問題。阿明與阿光最熟，阿光還會買風褸、波鞋、參考課本給他，好幾次他經過新民中心，推門進來就問我：「阿光在不在？」阿光從辦公室出來，談了幾句，使勁拍著他的肩膀道：「喂！今晚一起吃飯再說！」

「今晚吃飯再說」。路，好像永遠走不完似的，若把成長的軌道拉長，陪行的路更可以是沒完沒了。

不過，在這小段一起上路的風景裏，阿光除了是我的同行者，無疑也成了我的榜樣！

4. 小敏與彩晴之一

嘉榆

彩晴下班後趕來中心，汗水把她臉頰上淡淡的妝粉化得更淡，但她仍把握分秒為等她多時的小敏「惡補」功課，我看見她這份不離不棄的付出和堅持，總會自慚形穢。

一個本土出世的二十三歲少女，和一個在雲南農村成長，來港剛三個月的十一歲女孩子的故事，就從那一個聖誕節開始。

小敏誕生在破落的中國村莊，移居香港之前，一直未受過正規教育。縱然她沒有天賦的花容月貌，但她那份純樸的鄉土清新氣息，給人一種親切的感覺。

初來香港，父母帶著對事物充滿好奇和憧憬的她四處尋找入學機會。可是，莫說高深的英文句子，小敏連簡單的繁體中文漢字和加減乘除法也半曉不通，入學試總是沒法通過，於是學校都婉拒了她的請求。最後，在教育署的安排下，已經十一歲的小敏須要每天早上乘三十分鐘的巴士，到跨區的小學試讀二年級。

雖然找到了暫時的教室，但經過了一個月以來的不斷尋找和不斷被拒絕的過程，受盡白眼的小敏突然變得很害羞、很被動。

老實說，小敏的學術底子真的不好，準確點說，她甚至沒有任何學術根底，教她功課真是一件苦差！縱使在鄉間每天都會碰上幾十頭牲口，但她連「牛」、「貓」、「狗」、「豬」等漢字也不懂，香港孩子可以在幼稚園接觸到的英文生詞更不必說了，她對於二十六個英文字母也是聞所未聞。至於數學嘛，要經常弄錯加減法的進退位的她唸「乘數表」，真是談何容易！

她每天放學，捧著一大堆功課，也帶著一千條問題，洩氣地坐在椅子上，把工作紙散得一桌皆是，等待我走過去教她。「唉！災難到了……」我心中嘀咕。要小敏掌握問題的重心，可有不少難度，我預計一坐在她身旁至少要一句鐘。在中心嘈雜的環境裏教她，更是難上加難，孩子們爭執，急需調解，別的孩子同時嚷著要做功課，偶爾成年人來到，又有表格、回條要填要交！

控制不住的煩擾情緒，有時竟發洩在面前這個看起來「冥頑不靈」的無辜的小女孩身上。我說了幾十遍，她還是記不進腦袋的情況頻頻出現。

我懷疑繼續的付出會換來甚麼。她大概也不會是讀大學的材料吧！

我深深地呼出一口氣，小敏無奈地搜索著我的表情，沉重的氣氛，掩飾不了我臉上的失望，她如給刀削過心臟般皺起眉頭，那苦澀的神態告訴我，我已經無情地傷害了她。

去年的聖誕節，有幾天冷得很。小敏「抄」了張聖誕卡給我，我笑著收了那張錯漏百出的卡。我把卡紙收進背囊後，問她有甚麼聖誕願望，她忽然淚眼汪汪地說……

5.小敏與彩晴之二

嘉榆

我把聖誕卡收進背囊後，問小敏有甚麼聖誕願望。

她忽然淚眼汪汪，説只是希望聖誕老人帶她回鄉村見一見她的農田。

那一年，聖誕老人只在夢裏送她回到雲南，主耶穌卻賜她一個活生生大姐姐——彩晴。

彩晴到新民中心做義工，在幾十個孩子中，好像對小敏特別有一份奇妙的負擔。彩晴自中五畢業後，一直在商界打滾。幾年後，一個不諳世情的會考畢業生，已搖身變成溫文婉雅、充滿自信的新時代白領女性。

她每星期到中心兩次，專門為小敏補習。彩晴下班趕來的時候，穿著斯文得體的銀行高級行政職員的制服，小敏初次遇上這位落落大方的大姐姐，兩眼閃出希望之光。

我不知道彩晴怎樣教小敏，只是從每次小敏甫看見彩晴來的時侯，便歡樂得一躍趨前，把她摟得緊緊不放，與及課後小敏那滿意的心情和不捨的暫別離愁，我可以肯定彩晴對這個小女孩有多大的影響力。

半年過去了，除了一、兩次要事外，彩晴從不間斷地每周兩次為小敏補習。大考的時候，她們都加倍努力幾乎每晚約會，一起挑燈夜讀。

有時，我真的很想問問彩晴她那矢志不移的愛心從何而來？不過，每當我看見寬容自在、從不埋怨甚麼的她，原有的問號都收進心裏去了。

經過她倆不斷的付出和磨練，小敏期終試考得不俗，本區已有一所小學願意錄取小敏升讀三年級。她已學會了二十六個英文字母的大小寫，英文生詞也學懂了不少，中文詞語也慢慢地能默出來了，除了加減數和乘數表外，她還會計算簡單的分數呢。

從前，小敏看見彩晴到來，總會抱著她不放，生怕她會突然離開自己似的。現在，這種可以經得起時間去考驗的、無堅不催的關係，已叫彩晴能夠輕鬆自在地走到小敏旁邊，讓小敏繞著她的手臂開始慢慢補習。

彩晴做的，不光是知識的傳授，小敏得到的，也不單是名次上的進步。

轉眼又是一年後的聖誕節。這一年冬天比去年溫暖。小敏遞給我一張彩晴教她寫的聖誕卡，裏面沒有錯字。

彩晴帶著主耶穌的謙卑和溫柔進入別人的心，她那堅韌的毅力，創造了小敏不朽的鬥志。她對我埋藏了六個月的疑問的回應是：

「我沒有要求她考上名校，我沒有讓她上大學的目標，我只想還給她個人的尊嚴和被尊重的感受！」

6.廚師志堅

嘉榆

志堅的志願是當一個出色的廚師，有一天擁有一間自己的餐館。

第一次到志堅家吃飯，圓桌上擺滿的盡是他親自下廚做的海豐特色食物，有蝦、蟹、魚鮫、滾菜，魚蛋湯，還有獨家祕製的炸豬扒！阿光、嘉萍和我吃得津津有味，連續添了幾碗飯。

那時讀中一的志堅來港三年，比起海豐的樓房，一家人塞進一百平方呎的小房間，起初實在不慣。（志堅和他的弟弟還要在地板上睡呢！）但若可再一次選擇，問他會否來香港，他卻仍義無反顧地說：會！

「在這裏我可以學到更多知識，眼光也擴闊了很多呢！」當他第一次到海洋公園和新會議展覽中心時，那種興奮莫名的心情，叫這個少年人雀躍萬分！

那一次這一家人對我們的「招待」，最叫人感動的，就是當我們下樓的時候，志堅的弟弟志武從五樓追下來，把冒失的我遺下的外衣交還給我！看見他步伐矯健，跑得氣咻咻的樣子，我真的打從心底感謝他們溫暖而真摯的款待！

7. 生命的色彩

嘉榆

我到新民中心工作之前，已經認識麗美。

還在學的一年暑假，我和十多位團契的弟兄姊妹到「香港木屋區福音團契」做義工，她就是我教的那一個英文班上的學生。

她在班上並不突出，在我模糊的印象中，她是一個認真學習，甚少説話的文靜的女孩。與她初相處的一個暑假，就在補習、遊戲、工作坊、參觀和旅行中悄然溜過了……

再遇上麗美，她在隔了一個寒暑所給我的感覺仍然「純良乖巧」。不過，慢慢地我發現她已不僅停留於這四個字的描述中！

她讀中學二年級，與大部分的新來港學童一樣，麗美的英文是眾多科目中比較遜色的一科。基於她比較自律，有時，我們會讓她扣上「義工牌」，坐在櫃檯的位置上做功課，不必與喧鬧的小孩子們混在一起。

她在中心做過英文功課後，坐一會，便得到鄰近的市場買菜去，為父親和四個弟妹準備晚飯。一個星期裏，她有

四、五天到麥當勞做兼職，一小時賺十五元六角的薪金，叫她可以稍稍減輕家庭的經濟壓力。

在共用的廚房裏靜靜地燒菜、煮飯，於雙層床上悄悄地做作業……學業、家務和兼職，一個不多埋怨的十六歲的女孩子每天都默默承受著各種壓力。

生活的擔子，可以像天空落下的小水點般一滴又一滴地累積起來，叫人想放棄。可是，雨滴打在麗美的身上，卻好像打落平滑的石子上，一滴一滴的給卸下去了，一種平靜安逸、堅強而不倔強的性格也許就是如此磨練出來的。

麗美生日那天，我選了一張封面抽象、五顏六色的生日卡送給她，裏面其中一句寫道：「希望妳的生命充滿色彩！」

生命的色彩，不一定是金玉滿堂或者犬馬聲色的生活所能給予的，也未必是單單的周遊列國，廣闊視野所能提供的。

生命的色彩，可以是內在的鍛煉：堅毅、忍耐、柔和……拼湊在一起，已經是一幅繽紛燦爛、奪目耀眼的圖畫！

8.愛裏相依

嘉萍

約了莎莎、鳴鋒、鳴林、小強和志堅到教會崇拜。

崇拜後一行六人一起吃飯，商討下午的精彩節目。

路上，志堅和小強走在一起，鳴鋒拉著我走。

轉過了許多個街頭才發現，我們忽略了莎莎和鳴林。我們正心急尋找他倆之際，眼前卻呈現出一幅好美好美的畫面。

莎莎是家裏的大姐姐，自小便懂得照顧和保護比她年幼的弟妹。雖然她吃過不少苦頭，如在母親來港以前，她得在大清早上學之前，弄好飯菜給弟妹做早點。晚上，不論是寒冬或酷暑，她總得蹲在那不足十平方呎的廁所內幫弟妹洗澡、洗衣服，但她從沒有半句怨言！

鳴林是鳴鋒的弟弟，底子有點兒柔弱，須要別人特別的關愛，也常常爭取愛他的人的保護。可能他受的傷好深，心裏埋藏了許多的恨，平日在中心的羣體中又找不到知己朋友，每當被父親打罵的時候，他就會向嘉榆或我求救（中心還有一位很明白他也很愛他的義工絮蘭）。

一次他邀請我到他家裏，給我看幾道被手指甲抓出來的血痕，手背表皮上的肉也腫了起來。他沒有哭，反倒叫我偷偷哭了！

一個懂得照顧和保護幼小的大姐姐，一個需要額外關顧和負傷的小弟弟，一起走在童年路上，說說趣事談談笑，營造了一幅好美好美的畫面！

這個年齡的男孩和女孩，能成為談天說地的好朋友，是不可多得的！

聖經說：「萬事互相效力」。

自那天開始，我就察覺莎莎和鳴林，常在主耶穌的愛裏相依！

9. 幸運星

嘉榆

望著床頭放著的那一瓶幸運星，我想起了美靈。

玻璃瓶裏色彩斑斕的紙星星，正好映出這位一身穿戴光鮮，熱情樂觀的少女。

美靈自五歲從上海來港定居，至今已有九年多了，她爸爸在中心旁開了一間上海麵店，她和弟弟美輝因此經常來中心做功課。我們有時在麵店吃粗炒，阿光活像大孩子跟王先生說笑：「多給我們幾隻餃子啦！」「粗炒大碟些啦！」

她的爸爸總會多弄幾隻餃子，還少收我們幾元！

我在中心工作了不久，美靈察覺到我深藍色的指甲，便知道我有先天性心臟病（也有人問過我是不是塗了指甲油！）。「我也是啊！」她輕輕地告訴我。

之後我了解到，她的情況比我好得多了，只要做個手術，便可以完全糾正過來。然而，那一刻我們望著對方，我雖然比她年長十年，卻無阻我們共通的感受。我們對對方不能上體育課，不能做運動的痛楚體會深刻。那天，美靈說會摺一瓶幸運星在聖誕節送給我，坐在旁邊小小年紀的美輝，也好像感應到一些甚麼，把剛畫成的「小火龍」送了給我。

美靈不但樂於助人，而且很細心。阿光説要林心如的海報，她便給他留了下來，我説要鄭秀文的相片，她便給我剪存。美靈的美勞更是一流的，別的會員常常「請槍」，請她幫忙勾畫輪廓、擦水彩、剪圖案。

有一次因為美靈，我給一個「邊青」兇巴巴地罵。事後，她走來向我道歉：「對不起，嘉榆哥哥，連累你給人罵……」（謝謝你，美靈。其實我並不介意，這是我與他們的「溝通方式」呢！）

有一次，我在葛亮洪醫院裏碰到剛巧也去覆診的美靈。她走到我媽媽身邊坐下，安慰流淚的她。

美靈不但要承擔身體上的軟弱，還要照顧比她年幼的弟弟，十五歲的她，就是這樣的樂觀，如此的成熟！

10. 會學壞嗎？

嘉榆

已經是晚上的九時三十分了。我與呂太太站在中心玻璃門外閒談，她說這個假期會帶女兒心如回廣州玩，問我去不去。我對她說，心如的妹妹穎穎已經學會走路，真棒，正等她叫我一聲「哥哥」呢！

眼看二陂坊四周幽黑，惟有坊間內的四間麻將館徹夜燈火通明。想起有人噴煙，有人說粗話，有人吸白粉，大家都擔心在這樣的文化和環境下，小孩子和年輕人很容易學壞。湊巧，幾天前，染了一頭紫髮的阿豪「自豪地」向一個義工「大發議論」，他肯定地預言中心內的小孩子將來必然會跟他一樣學壞。

在中心門前，我們都一臉無奈。呂太太渴望儘快搬上公屋，遠離複雜的環境，我但願可以緊緊擁抱孩子們，為他們擋風遮雨。

此際，小強和鳴鋒打完籃球，拍著球肩並肩從對面的三陂坊球場走過來。

「我見你很疼惜他們，你猜他們會不會學壞？」呂太太這樣問我。

我把差點說出口的話吞回肚子裏，猶豫起來。有誰可以保證呢？小強和鳴鋒逐漸走近，球兒一下一下拍打著石地，為他們的步履配上催逼的節拍。

「我相信他們不會學壞！」我不能保證甚麼，但如果連我自己也不相信他們會分辨是非，如果連我自己也不相信我們的救主會看顧，我還有甚麼理由堅持下去？

11. 虧欠

嘉榆

我打定主意離開新民中心沒多久，就把自己的決定告訴了志堅。

志堅從來給我的印象，是獨立而負責，好像不須要我們特別「照顧」他似的，然而那天，我坦白地對他說，其實我有點對不起他，倘若時間倒流一年半載，我會多找一些時間與他溫習和讀聖經。

前年秋天，志堅剛升中一，要適應一所全新的學校，我約過他每星期一晚一起溫習和祈禱。大概過了兩個月吧，忘了是不是因為太忙，我倆這些「定期約會」便不了了之。少年人沒有向我追討甚麼，可謂十分體諒我的處境。

接下來的日子，他帶來了五、六個新認識的新移民同學，他們都成為中心的會員（那幾個同學，不少現在還有留在中心和教會裏，加入了團契）。中心搞甚麼大型活動，他都樂意幫忙：搬運桌椅、禮物來回中心和球場啦，幫阿光準備音響燈光啦，搭建攤位啦，他和他的同學都樂於付出。另外，志堅還會主動協助中心做行政工作：幫忙摺信、貼郵票、寄信……，嘉萍都每每能把握這些時間，和他們打成一片。

志堅更渴想可以與中心裏的小孩子分享信仰，有幾次他更做了我們「喜樂團」的導師。阿開、阿同幾個星期的晚上見到他的出現，就「堅哥！堅哥！」地叫。在同輩裏，他也不經意地散發出個人的感染力，他跟小強熟落之後，小強的世界也開闊了一點點。

他在校的成績蠻不錯，考試的名次，總在全班五名以內，甚至考過第一或第二名。

這個少年人就是如此的剛強、獨立而成熟，好像我們不必理會他似的。我沒再固定約見他，但碰面的時候，我們還會自然地談起彼此的近況和際遇，有時測驗考試迫近，他會請我花一、兩句鐘陪他溫習，只有到了那時，我和他方有機會單獨再坐在一起。

志堅不像鳴鋒或小強，我們過去沒有太多「傾心吐意」的時候。只有深夜在床上輾轉反側時，我才驚覺自己不過是一個有血有肉的人。我對你怎能毫無虧欠？

我願上帝親自帶領你，賜福給你，叫你成為朋輩的榜樣，在世上作光作鹽，願你能更深地體會祂無條件的愛和豐盛！

12.義工嘉年華

嘉榆

倘若中心沒有這班委身的義工，便沒有這幅美麗的圖畫了。

家倫和阿詩是大學生，那年暑假，他們與兩位神學生一並來中心實習，原來為期兩個月的體驗，一直沒完結。大家一直留下來已經差不多兩年了。

Eva參加中心的義工訓練，十課過後，也留駐了兩年，她還帶了教會團契中的Carol、慧君、秀清一起參與中心「喜樂團」的工作，成為導師羣中的中流砥柱。

雷亮自與淑群在萬國兒童布道團實習時認識，便參與中心工作；從「喜樂團」第一期到今天，已經在中心度過二十多個月了。

絮蘭是中心的「金牌」義工，最初只教會員做功課，然後參與了「喜樂團」的工作，後來更從事探訪和個人的栽培。如今差不多每一個活動環節都有她的份兒。

曉眉自兩年前的暑期開始做中心的英文補習班導師，接著到「中心大堂」當義工，繼而成了「喜樂團」的導師，此外還不時帶小孩子出外遊玩，既投入又賣力。

每次旅行，阿開總追問我：「家倫哥哥去不去？」冰兒也會問：「Eva姐姐呢？絮蘭姐姐呢？詩姐姐呢……」小美和小婷每次戴上厚厚的圍巾，就會興奮地問：「曉眉姐姐送的，好不好看？」

與義工們在一起，我們總是歡天喜地的。不斷的委身，是孩子們的魅力，也是神大愛的召喚！

13. 好調子

嘉榆

一個周六晚上，我們借了中心附近的一家教會舉行「喜樂團」的生日會。生日會之前兩小時，我預先去「領場地」。

在教會裏，一位少女走過來，雀躍興奮但又帶點疑惑地問：

「你是嘉榆哥哥嗎？」

直覺告訴我，她是我三年前認識的那個人。

那是大學二年級的暑期，我跟團契中的幾位弟兄姊妹在這間教會做義工，為二十多個新移民小學生搞活動和補習英文。

我望著眼前的少女，坦白地對她說我忘了她的名字。

「我是淑儀啊！」她臉上盡是笑容。

的確好像有一個名叫淑儀的女孩子：乖乖的，靜靜的。既非極其頑皮亦非十分出眾的孩子。我或許已經忘記了。站在我面前的，已經是亭亭玉立、溫婉有禮且甚具氣質的

「新的」淑儀。

幾句寒暄後，我繼續做「喜樂團」生日會的籌備工作，她則靜靜地走到我背後的鋼琴，彈出攝人的曲調。

小時候曾有過一段學鋼琴的日子，最後卻沒堅持下去，想起來仍覺惋惜；長大了，我往往很羨慕彈得一手好鋼琴的人！聽著柔和美妙、自信堅定的琴音，我詫異自己居然深受感動。

我感動她娟秀得令我認不出來，我感動她仍然在這所教會裏繼續學習真理，我感動她得到栽培、彈得一手好琴。

花開花落，人臉更替，我慶幸彼此的關係未斷。

放下手上的工作，我寫了一張書籤給她：

「淑儀，妳叫我很感動，也鼓勵了我繼續往前走！」其中的一句是這樣的。

14. 抱我

嘉榆

離開中心已經一個月了，那天重臨舊地，心情異常興奮。

我坐在中心的大堂裏，專心教小孩子功課。拾起久別重逢的「工作」，耐性高了一倍。

忽然，一雙小手抱住我的腰，回首低頭，是穎穎。她舒舒服服地靠在我腰間，甜絲絲地看著我。

從前，是我一邊把還是嬰兒的她抱在懷裏，一邊教其他孩子功課。

我低頭看著這個還未學會講完整句子的幼童，伸出雙手，笑了：

「孩子，我愛你！」

15. 一起走過的日子

嘉萍

近幾個主日的崇拜，鳴鋒和鳴林都主動來參與。

在志堅、莎莎、嘉樂、鳴鋒、鳴林身邊，我們還期待著小強來和我們一起尋找真理。

吃過午飯，大夥兒回到中心，嘉樂和莎莎打乒乓球，鳴鋒坐在一邊聽 CD 兼做功課，鳴林因為翌日要考試，很努力地溫書。我坐在他們的身旁，突然好想算一算，自己與這些少年人曾經走過了多少日子。

同行的日子看似理所當然，但我問自己：到底可以走到哪一天？

黃昏，我們圍圈一起祈禱，鳴林説要為嘉榆哥哥禱告，因他看見嘉榆那天在他家裏臉色突然變得如白紙一般，幾乎暈倒。於是幾個少年人和我都為嘉榆祈禱。

嘉榆，你是否想聽聽他們怎樣為你禱告？

鳴林和嘉樂：求主耶穌幫助嘉榆哥哥，醫治他的病，保護他。

莎莎：求主耶穌給嘉榆哥哥一個……（突然忘記想説甚麼）求主耶穌保守他的身體。

嘉榆，你還想知道鳴鋒的禱告麼？

鳴鋒：多謝耶穌給我和嘉榆哥哥可以有一起走過的日子……

謝幕

1.我們的祈禱

嘉萍

一次與幾位少年人一起禱告，鳴鋒感謝神讓他和嘉榆一起走過了一段日子。

嘉榆和嘉萍也感謝神，讓我們能夠在二陂坊一起寫下這許許多多的故事。

從起初到今日，故事的每一情節都因著主耶穌的恩慈和公義，成為祂親愛的孩子的福氣。

而我們可以為祂做的，僅有禱告！

寫《我們的祈禱》，源於想鼓勵小強和一羣逆風少年，但寫到這裏，我們都希望以這首歌送給一度失落主耶穌恩典的你和我。

徘徊二陂坊漆黑街中的一角　　你雙手找到了麼
懶得管路上拾回的失落　　你在意眼前那星火
亂髮在舞衣襟都背叛了　　要衝出這斗室去
將一生傾注為了歷奇　　無悔最後你生死

祈求天父眷顧祂的子民　　要對祂的愛有回應覓尋

從來未盡歷遇見福音降臨　　如何能尋獲救恩
其實天父體恤祂的子民　　降世因拯救無數罪人
信靠主的心在那恩典裏尋　　承受完全十架恩
祂給你護蔭

為了祂不懂禱告都敢禱告　求引領每一腳步
用你的心深深處跟祂傾訴　　惟願你會做得到

徘徊二陂坊漆黑街中的一角　　你雙手找緊了麼
回望在路上默然得祂幫助　　抉擇了美麗與坎坷

其實天父體恤祂的子民　　那怕一生裏有無數淚痕
信靠主的心在那恩典裏尋　　承受完全十架恩
其實天父體恤祂的子民　　那怕心坎裏有無數裂痕
信靠主的心在那恩典裏尋　　承受完全十架恩
祂給你護蔭

為了祂不懂禱告都敢禱告　求引領每一腳步
用你的心深深處跟祂傾訴　　惟願你會堅持得到

其實天父眷顧祂的子民　要你睜開眼看明燈指引

信靠主的恩就會得到永恒　　離棄那罪惡根
你終可發奮

編按：《我們的祈禱》原曲為楊千嬅的《少女的祈禱》。

2. 富足

鄒家豪

曾住在荃灣區兩年，沒想到那繁華熱鬧的娛樂廣場後面，有一個沒有人認識的二陂坊，那是被中產社會遺忘了的地方。初踏進二陂坊，中心總幹事阿 Cat 帶我穿過那濕淋淋的後巷，她和嘉榆帶我認識了這個地方。「噢！這個貧民窟真複雜啊！」我想：「服事這些人，是要操練我的愛心吧！」

在新民中心的第一個星期，我真的有點不習慣。不習慣如此嘈吵的環境，小朋友常常在中心「尖叫」；也不習慣那些滿身臭汗的男孩子隨時飛撲過來的衝擊；更不習慣那些小女孩不斷的撒嬌⋯⋯我慢慢地學習投入他們的文化。原來真誠成為他們的朋友，可以叫人這麼快樂的。我漸漸享受與他們一起生活。每當踏進新民中心，他們總會齊心地大叫：「鄒家豪！」，叫得多麼「肉酸」啊，但我覺得非常親切甜蜜。我對著那些男孩子說：「放馬過來啦！」，結果我成了一顆大樹，讓他們一個又一個的爬上來。就是這樣，我度過了兩個月的歡樂時光。

那些看來微不足道的小子，教會了我「愛」與「被愛」的重要；他們又教會我知道事奉窮人不是服事（to serve）或幫助（to help），而是「同行的事奉」（ministry of presence）。在這個冷漠無情的社會中，新民中心是一個例外，在這裏我感受到人間有情。

在這個「貧民窟」裏，我找到了真的富足，更在基督裏找到了祂的富足。

3. 逆境自強

FLORENCE

「逆境自強」這話，近來常在香港傳媒上聽到，但有多少時下的年輕人能切實地理解、奉行這句話的內容呢？

在新民中心的一次活動中，我認識了一位可愛的女孩子——小雪。她臉上時常掛著親切的笑容，對長輩説話很有禮貌，她是家中幼女，也是惟一跟父母來港定居的年輕人。

不過，她並非我們想象中的小公主，不會隨意向父母撒嬌。相反，她要面對父母之間的問題，有時候她要安慰母親，疏導母親的情緒。她父母的工作時間十分長，因此每天放學後便要到街市買菜做飯，到了晚上才可以開始做功課及溫習。感恩的是，她的學業成績向來不錯！她最大的娛樂也只是與她年紀相若的知心好友傾吐心事了。

相反地，時下的一代卻因著看不到自己偶像的演唱會而生氣，無法擁有最流行的手提電話或波鞋而不快，被父母管束不准「拍拖」、上夜街而懊惱，隨便就離家出走與父母抬槓，甚至自毀……在小雪看來，這倒不算是甚麼問題啊！

4. 一個筆袋

鍾絮蘭

一天晚上，我為學生補習時，看見她把一個八成新的筆袋丟進書桌下的垃圾箱裏。

「我買了新的筆袋呀，舊的當然不要了！」她說。

「這太浪費了！」我心裏想。

我徵詢她的同意後，就將這個差點成為堆填區一部分的筆袋從垃圾箱中「救」出，把它清潔好，然後送給新民中心裏一個家境不太好的小女孩——小勤。

我還記得她收到這筆袋時，臉上的笑容比吃了雪糕還甜。

數月後，我再回中心探望同工和小朋友。還未到中心門口，小勤已經走過來，要我抱她。我抱起她，她把她的臉蛋貼近我的，在我耳邊小聲說：「絮蘭姐姐，你送給我的筆袋，我現在還在用啊！」

同是一個筆袋，對兩個小朋友有截然不同的意義。在小勤心目中，這個筆袋除盛載她的文具外，也盛載著我對她的愛和關懷。其實，新移民的小朋友和青少年都像小勤一樣，他們最需要的並不是物質，而是別人對他們的接納和關懷。

但願神通過更多人把祂的愛帶給他們！

5.哥哥，為甚麼你的脖子這麼長？

曉眉

春梅——五歲的幼稚園中班生——是我在中心認識的孩子中最愛發問的一個。

有一次，她跟著嘉榆走了三米路，忽然問：「哥哥，為甚麼你的脖子這麼長？」嘉榆很愕然，然後微笑著回答她：「上帝造的每個人都不同呢！」

又有一次，在我毫無心理準備的情況下，她又問奇怪的問題：「姐姐，為甚麼你的牙齒這麼大？姐姐，為甚麼你的脣這麼紅？是塗了口紅嗎？」

沒有塗口紅習慣的我，該怎樣跟她解釋這一切都是出於自然的呢？

春梅的觀察力很強，也很喜歡聽故事。她常常拉著我，要我讀她比我更熟悉的故事。那一次，碰巧春梅捧著幼兒聖經。於是我們開始讀神創造天地的故事。當讀到亞當和夏娃因吃了分辨善惡樹的果子後被上帝逐出伊甸園，春梅瞪大了眼睛，問我為甚麼上帝不准他們吃那樹的果子、為甚麼他們被逐出伊甸園。大概是我的答案不太圓滿，又或者是櫃裏的遊戲太吸引，我讀完亞當和夏娃披著皮衣離開伊甸園後，她已借來了「疊疊樂」。

之後，她好幾次捧來幼兒聖經，叫我讀故事，可惜我忙於教其他會員做功課。後來，她搬離了二陂坊，上了公屋。再之後，她出席「喜樂團」最後一次的周會。由周會開始至結束後的茶會，她一直坐在我的大腿上，有時輕拍我的手，感覺一下我的實在。

由於太想念她，我在自己的網頁寫了有關她的故事，更特地以許志安的《愛妳》為背景音樂。

6. 特別的一羣

彩雲

看似特別卻又是那麼親切和熟悉的一羣，是透過新民中心所接觸到的新來港青少年。二〇〇一年中收到一個邀請，説他們想將一羣青少年會員轉介給教會，起初聽到實在很興奮，但與中心同工開會初談後，實在有些憂慮，心恐教會的環境未能承擔這個責任？我們能否令他們投入？額外的工作有人願意承擔嗎？很多沒有答案的疑問……但心底裏仍捨不得放棄這個機會，便嘗試接觸和分享這異象。

感謝神，很快有人回應，剛好有男女導師（Edward、Florence）各一；而跟兩人第一次在機構接觸時，我們和那些少年人都有點兒驚喜，因為大家很陌生。孩子們給我的第一個印象，是充滿活力、笑聲的、滿嘴年輕一代的流行言詞，我雖然深感挑戰，但仍是享受跟他們一起。

有機會參與他們外出購物（作第一階段的表現獎勵），我也覺他們很開心、很單純；平時香港學生只肯跟同學、好友上街；那會跟年紀較大的導師一起？但這班青少年，卻好像自己的弟妹一般，願意跟從我們的提議，而且所買的都是很實際的衣服、上學用的鞋、電腦的用品。

每次家訪，我對他們的認識更深了，發覺他們難得的一面，他們的父母大部分年事已高，不懂得也無能力教導他們，但他們卻很有分寸，雖然言詞間也有些粗俗，但比起今日香港年輕的一代，已經好多了！

愈認識他們，愈發現他們每一個背後都有特別的故事，他們各有所長，雖然他們的成績未必很好，但看到他們的進步、發奮、願意努力，已叫人為他們感到自豪。我且欣賞他們那份安份、單純、樂助的性情！其實對我來說，可以服事他們、跟他們走這段重要的成長路，實在是自己的福氣。

7.警察哥哥

SUNNY

報紙上看到的二陂坊，總是與犯罪活動有關的，但「新民中心」卻能讓那些新移民的小孩子在這裏找到一點點成長的空間。

我有幸能探訪這裏的會員。進入中心的第一感覺是四周嘈吵非常，每一位小朋友都異常「活潑好動」兼「可愛」！當中有一位小朋友特別吸引我。他個子雖小，但力氣不凡，能連續翻十個筋斗也不累，從他身上你可以找到童真！

我們第一次「邂逅」，不知怎的他以為我是「警察哥哥」，硬要在我身上搜出手槍來。一年多後，我重遇這位「大力士」，他的身高雖然沒有多大改變，但身形卻明顯向橫發展了，聲量一如既往地洪亮，但連續十個的「側手翻」卻再也做不成了。我們見面的時間絕少，他已忘記了我的名字，但他卻仍然對著我喊「警察哥哥」。

我們真不能小看孩子的記憶力啊！

8.生日卡

慧君

小孩子經常展露天真爛漫的笑容，尤其是在二陂坊長大的孩子。他們在這兒追逐、嬉戲，玩的可能只是很簡單的遊戲，但已經夠他們樂上大半天。第一、二次見面，他們未必記得你的名字，但已經認得你的樣子，下次你再出現，他們就會第一時間「擁你入懷」，爭著坐在你身旁，然後嚷著要你跟他玩。

你為他們帶來歡樂，他們不會忘記，有些時候也會反過來哄你開心。

記得去年在「中心」，一位小妹妹無意之中知道了我的生日。過了一刻，突然不見了她的蹤影，心裏還以為她回家去了，誰知道她又突然出現，遞上一張親手繪製的生日卡。她以有限的時間和有限的材料，給我送上無限的祝福。我心裏溫暖，眼睛濕了……

二陂坊的小孩子讓我有機會陪伴他們成長進步，使我同樣進步成長！

9.「很掛念你！」

許榕澤

父母來港才兩、三年，我便出生了。由於經濟緊絀，一家人只能租住一張睡床般大小的房間，並將我寄養在別人家裏，好讓他們專心工作。我三歲某天，一家人搬到土瓜灣工廠區附近管理不善的私家路生活。印象中，路上總有一兩隻死老鼠，橫巷的水管總不停漏水。

當我第一次踏足二陂坊時，簡直被眼前的景象嚇了一跳。小孩子穿著背心、短褲、拖鞋等「街坊裝」，在「中心」各處又叫又跳，在沙發和地上滾來滾去。回想自己小時候，豈不一樣經常這樣在家中翻天覆地而招致父母的責罰？二陂坊的居住環境，竟與自己小時候所住的土瓜灣工廠區相似，我對新民中心於是多了一份親切感。

我和小孩子相處，發覺他們有很多可愛的地方。他們的感情十分真摯，絕無半點掩飾和做作。遇上喜愛的導師，他們會直接說「喜歡你」，又或打電話來說「很掛念你」，甚至是更直接地一個擁抱。他們願意信任真誠關心他們的人，坦率地表達內心的喜怒哀樂和各種願望夢想！

10.珍貴

旭芸

這裏的孩子天真活潑，卻永遠被忽略；他們可愛真誠，卻得不到社會的接納、憐愛。難道只因為他們是「新移民」？也許是這種「次等」的生活給他們帶來不少傷痕，甚至令他們偏走歪路，所以救恩對於他們來說份外重要。

亦正因如此，每次踏進「新民中心」，我心裏好想好想告訴他們：在天父眼中，無論你是新移民、本地人、白人、黑人，甚至好人、壞人，都是珍貴的、可愛的，是上帝用重價贖回來的。我更深切希望有一天他們能親身嘗嘗這份愛的甘甜！

11. 能量

文浩

以前沒有很多機會抱小朋友，直至來到「新民中心」做義工。

正確點說，其實我並沒有去「抱」小朋友，我只是做了一棵樹，任他們去爬，直至我這個「巨人」也倒下。

與他們相處一個晚上，比做一整天的工作還要花能量。有時，真不明白「中心」的同工們哪裏來這麼多的精力去教、去管、去玩、去抱……

不過，往深處想，其實是孩子們吸去了同工的能量，還是他們每時每刻都不經意地提供能量、支持著同工的生命呢？

二陂坊，在不遠處陪我生活了許多年，一直是個「陌生」的地方。但是，在我還未結識它以前，神已經有所安排，祂一直好好地照顧著這個地方和這兒的街坊！

12. 看見

CARRIE

我看見二陂坊
看見新移民
看見金色紅色的青少年
看見一羣有需要的小孩子

我看見一個可以用祈禱改變的世界
看見一個固執但愛主的青年人
看見一個母親以愛自己兒子的愛去愛其他的小孩
看見一羣人，為陌生的孩子流淚，付出時間和愛
看見羣羊等候主耶穌的愛

神的聲音不在火中，不在風中……
我看見主改變每一個祂愛的人
看見我們在主裏得到能力
看見神要我們等候祂的計劃

13. 誰是我的天使？

曉眉

自小在溫室長大的我，某日仰天而問：「井外可有我的天使？」主耶穌於是叫我到新民中心去。我便拿著地圖，從荃灣地鐵站開始了未知的旅程。這裏是眾安街嗎？這個窄窄的入口就是二陂坊了？小腸開始抽搐。離開自己的安全地帶（comfort zone），我緊張起來。

下著滂沱大雨的晚上，新民中心門前三數男人，正坐在簷篷下避雨。我推門而進，緊張隨著門的開關消滅。

妙妙問我「低能」的意思，我說：「低能的人的智商比較低，但他們通常都擁有一些出人意表的技能，例如演奏音樂。」小敏聽見，便快步跑過來：「我也有一項技能——就是擁抱別人！」她立刻用雙臂圍住我的頸項，又在我的臉頰上吻了一下。

小君也走過來，還給我二十五元的沖晒費。「曉眉姐姐，我暫時只有一半錢。欠你的稍後給你。」「這些錢從哪兒來？」「這是我每天省下來的車費。每天媽媽給我五元，作來回學校的車費，我只乘一程巴士，另一程走路。走了五天，便有十二塊半。」我收下她的錢，表示認同她的認真。「餘下的錢不用還我了。」

中心關門時，明華不肯離開，定睛看嘉榆拉閘。「嘉榆哥哥，我想回鄉下去，我不喜歡香港！」淚水在他眼眶裏轉動。「我請你吃雪糕好嗎？」明華立刻露出笑容，趕忙拉著嘉榆的手往便利店去。

小婷走過來，嚷著要我帶她和好友到我家玩。我的家有如我的心，很少人來訪。那天，她們玩電腦、吃零食、打電子遊戲機、敲鋼琴。我的家很久沒有這般熱鬧了！

小強和天龍送我到地鐵站，然後折返中心附近的小巴站。

入睡前，我想著中心裏的每一位小天使，忍不住哭起來。

14.新邊青事工

志華

我自己是邊青過來人，現在在基督教機構事奉，事工對象是新來港人士，所以我對新來港的邊緣青少年特別關注——他們往往是本地黑社會吸納的主要對象。

在主的安排下，我有幸認識在荃灣二陂坊默默撒種的肢體，看見他們的積極服事與關顧，我自己也受到感染，關心起二陂坊的新邊青來。

第一次到二陂坊，便有機會與小強分享個人見證：如何在十三歲後於黑道中打滾、如何打出名堂、如何招人妒忌、如何滿結仇家、之後又如何被「兄弟」出賣、幾乎命喪獄中……

我的見證雖不能立即叫他歸信主耶穌，但總可讓他考慮疏遠那些假冒為善的黑道中人、嘗試上教會。

與二陂坊的多位新邊青接觸，我確實感到他們的本性其實並不壞，只是初期來香港，沒有人關心、幫助他們，讓「假冒為善」的人有機可乘。那些人用各種方法（例如與他們稱兄道弟、為他們出頭、有錢共用、甚至離間他們與家人的關係……），引他們入局、拉攏他們加入幫會，使他們失去辨別是非的能力。

時下的青年人都喜歡音樂，新邊青年也不例外，所以我和一些有同樣負擔的肢體決定以基督教音樂及勵志民歌去接觸他們。

我因妻子身懷六甲及機構人手不足而忙得不可開交，有一段時間沒到二陂坊參與這事工了。我雖暫時不能親到二陂坊與你們這些有同樣使命感的肢體一同關懷他們，但我會在禱告中記念你們！待 BB 出生、一切穩定後，我定必再與你們同工，一同尋找迷路的小羊。

15. 沒選錯的路

嘉榆

離開新民中心已經兩天，若有所失，想哭；沒哭出來，是因為我清晰知道上帝要我踏上另一個階段——文字工作。

大學甫畢業便在中心事奉，沒有社工文憑，沒有工作經驗，沒有特殊才能，只擁有赤誠的心。上班的第一個下午，在辦公室，總幹事對我說：「在這裏事奉，可說是『宣教』的一種，你要去認識孩子們的文化，聽他們的說話，吃他們的食物，感應他們處身的環境。就是來與他們一起生活⋯⋯」如此一「活」，便活了整整兩個年頭，當天口中的「他們」，隨日子添上的情感，變成了「我們」——一起經歷並仰賴上帝恩典的我們。在這兩年裏，與中心會員共處的畫面，比在教會與弟兄姊妹相處的畫面還要闊大多變；與會員碰面的時間，比與家人相聚的時間還要多！

離開前兩個星期，一位義工對著一個我喜愛的少年會員說他「大個仔」了不少。幾天後，我弟弟來到中心，看著一雙小姐妹驚歎地說她們高了許多。少年羞怯的別過頭去，小女孩興奮地異口同聲說還要再高一點點。而我，每天看著他們，看不出他們成長的「突變」，心裏倒交疊起欣悅和蒼涼。二十四個月罷了，不過一般人生命的三十五分之一，我經過了卻好像長大了許多。我肯定自己沒選錯走這段路。

我還要感謝董事、同工、義工對我的呵護和鼓勵，多謝前中心主任淑群給我的肯定和信任，我感激上帝賜我好拍擋阿光的上路同行。

願上帝繼續賜福「木福」，加力給新到任的同工，願祂的恩雨傾臨二陂坊這片土地，在繁華商場背後這被忙碌的人遺忘、讓有心人憶起、擁有愛和故事的土地，這東方之珠一角、為上帝所愛的土地。

（此文收錄在二〇〇一年十一月《木福通訊》）

16. 日子就這樣溜去了

嘉榆

上帝帶領我在新民中心工作，轉眼已經整整兩年。在這七百多的日子裏，我要感謝愛我的神，祂讓我過得很豐盛充實。此刻話別，踏上新的階段，心裏真是百感交集，既憧憬未來，又滿是離愁別緒！

我沒有豐富的人生經驗，沒有強壯的體魄，也沒有過人的音樂才華和運動本領，但神卻賜給我很好的同事和可愛的會員。我要感謝每一位同工、義工，咱們快樂時可以一起笑，悲傷時可以一起流淚、一同祈禱，彼此鼓勵和支持！

我也要感激每一個曾經帶給我歡樂，陪伴我、甚至默默地想念我、將愛給我的小孩子、年輕人和家長！還清晰記得心如和穎穎的笑容、阿同的酒渦、小銀甜絲絲的笑、阿開如雷的叫喊、桂仔的調皮、嘉樂的彬彬有禮、可儀和冰兒的善解人意、小美和小婷的嬌小可人……還有其餘數之不盡的孩子，你們就像我的親生兒女！（哈哈！真有福氣！）我懷念志堅卓越的廚藝和對人的誠懇關心，雀躍見到小強的成長和進步，欣賞智富和光輝的友善待人和樂觀精神，感謝小雪多次送來親自弄的湯水，也感激阿高、阿達、阿晟、阿文、志堅一班同學為我開的「驚喜生日會」，謝謝美靈摺給我的紙星星，喜見康衡和莎莎的率直爽朗和真摯，感謝天父容我認識我親愛的鳴鋒、鳴林，使我們成為好兄弟……還有無盡的少年人，你們都是我的好同伴、好朋友，甚至好兄弟姊妹！

每個人的人生旅途都不一樣，我珍惜路上相遇的日子，我感謝神我可以走進你們的生活，也興奮可以讓你們分享我的生命。縱然我們緊密同行的只有短短的年日，但我深信救主耶穌在我們身上的帶領和祝福卻可以天長地久，直達永恆！

我深愛的孩子們、少年人和各位家長，深盼你們相信並倚靠惟一的、獨一的真神、真正捨己愛你幫助你們的主！

（此文收錄在二〇〇一年十至十二月《中心通訊》）

17.跋

嘉榆

每天
人和人的相遇——
可以是深刻的，
也可以是平淡的。

每段人生路都是一條線，
不同的粗幼，
不同的顏色。
在線與線重疊之際，
神讓我遇上你。

忽然，
線跳出了平面，
變得立體。

這裏是個
開放式的劇場
上演著
真實不過的故事——
父母用汗水養活一家
少年用雙手擦亮青春
孩子用眼睛期待未來

義工同工使勁演活角色
你用心感應情節
祂用愛完成劇本

記得中學時代，已經萌生作家夢，渴望有一天擁有自己寫的書。

那時，還向幾個好友「保證」，我會找他們寫書序。今天，差不多十年以後，花開花落，人臉更替，不知朋友還記不記得這個少年的承諾？

今日能夠寫成第一本書，絕非靠自己的學問，也不是憑自己的努力經營。那完全是上帝送給我的寶貴經歷，在我人生裏最美麗的片斷的結晶！

有愛我的神，有同行的同工和義工，有一起成長的孩子和少年人，文字和影像方能拼湊成書。

感謝我的上帝，將這段珍貴的記憶送給我。我願與疼愛過嘉榆的人一起分享這本書——爸爸、媽媽、弟弟、我的老師（李SIR、顏老師、Miss Ng、Miss古、胡老師）、教會導師、我的團友、「木福」的同工和義工、鳴鋒、鳴林、小強、志堅……

18.寫在《二陂坊劇場》以後……

嘉萍

寫到這裏，該是完結的時候了。

懷著一份捨不得和失落的心情，我在無言的鍵盤上打下「跋」字。

慢著……

電郵郵箱剛接到一個自稱「型英帥靚正」的男孩子給我的祝福語……

每個中文字的背後，都透視著他的努力學習和對我的思念！

原來是我所愛的少年人鳴鋒。回電郵之際，忽然好想念小強。

小強已找著他的小情人了。但他承諾在學業上積極，考試平均分要有七十以上。

莎莎也找到她的知己美靈，在人際關係上，兩人一起學習成長。

嗚林仍舊每主日參與崇拜，考試成績也很理想。

天龍上星期主動參與團契，還給導師們額外的驚喜——他做了一味蛋炒菜的小食給大家。

上主日，志堅陪著天龍到一家適合他的教會參加崇拜。

阿明搬上了新居，可以更專注地埋頭苦讀，預備來年的會考。

《二陂坊劇場》的每一個角色，似乎都有了美麗的結局。

每個美麗故事的結局以後，似乎也會孕育另一個更美麗的故事……

感謝我的上帝，賜我生命旅途中這有限的七百多天日子，讓我遇上你、你、你和你。我們一起在二陂坊塗過色彩，經歷過祂無限的慈愛！

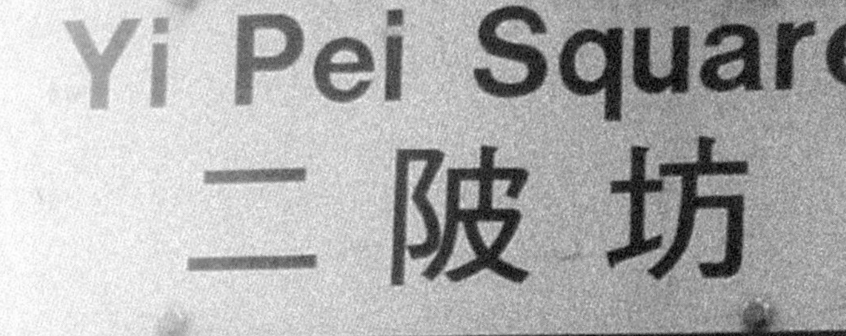
Yi Pei Square
二陂坊

緊扣時代　服事教會

以文字傳揚基督真道

讀者意見表

衷心多謝你購買本社書籍。本社一直致力以出版事工服事教會，幫助信徒扎根於神的話語，促進靈命增長。為使我們的出版更能滿足你的需要，請填寫下列各項資料，並寄回或傳真予本社。

所購書籍：________________________

本書最吸引你的地方：
□作者　□適切性　□文筆　□設計　□實用性
□其他：________________________

購買本書地點：
□基道書樓　□基督教書店　□非基督教書店

性別：□男　□女　職業：________________

信仰：□基督徒　□非基督徒

年齡：□ 16 歲或以下　□ 17～25 歲　□ 26～35 歲
□ 36～55 歲　□ 56 歲或以上

學歷：□中三或以下　□中五　□預科
□大學　□研究院

□我欲更多了解基道出版社的事工及考慮支持，請寄給我下列資料：
□機構簡介　□新書資料　□基道會員通訊
□《基道文字事工通訊》

姓名：________________ 電話：________________

地址：________________________________

____

傳真：________________ 電子郵件：________________

其他意見：________________________________

____

多謝賜教！

意見表可以傳真（2687-0281）或直接郵寄以下地址：
香港沙田火炭坳背灣街26號富騰工業中心1011室
基道出版社編輯部收